INHALT

VORWORT

EIS GANZ NATÜRLICH DIE NEUE GELATO-KULTUR

SIE LIEBEN EIS? Damit sind Sie hierzulande in guter Gesellschaft: Im Durchschnitt 8,3 Liter Speiseeis verzehrt jeder Deutsche im Jahr, das entspricht fast 120 Kugeln und liegt über dem Pro-Kopf-Konsum der Italiener, die stolz auf eine längere Eistradition zurückblicken als wir. Über drei Viertel der Deutschen verspeisen ihr Eis übrigens am liebsten in der Eisdiele. Doch wird hier keineswegs das meiste Eis gegessen: Der größte Anteil kommt zu Hause auf den Tisch oder wird unterwegs verzehrt und stammt zu über 80 % aus industrieller Herstellung, aus Klein- und Großpackungen, wie sie in Supermärkten, Kiosks und an Tankstellen vertrieben werden.

Doch warum steht die Eisdiele bei den Deutschen viel höher im Kurs, als dies dem tatsächlichen Konsumverhalten entspricht? Das mag am Urlaubsfeeling liegen, auch Kindheitserinnerungen aus unbeschwerten Sommertagen mögen eine Rolle spielen. Doch gibt es gute Gründe, noch etwas anderes dahinter zu vermuten: die Lust auf »echtes«, unverfälschtes Eis, das möglichst frei von künstlichen Zusatzstoffen ist und nicht aus industrieller Produktion stammt, sondern handwerklich hergestellt wurde. Doch ist die Eisdiele dafür der richtige Ort? Generell, so viel sei vorweggenommen, lässt sich das nicht sagen.

Wenn ich mir als kleiner Junge in Frankfurt-Sachsenhausen an einem heißen Sommertag ein Waffeleis bei der Eisdiele um die Ecke holte, kramte ich dafür einen Groschen aus der Tasche – so günstig war eine Kugel. Irgendwann kostete die Kugel 50 Pfennig und dann eine ganze Mark – Preissteigerungen, die mir damals astronomisch erschienen. Was in der Eisdiele um die Ecke auf die Waffelhörnchen kam, hat mit dem Eis, dessen Zubereitung in diesem Buch beschrieben wird, allerdings

GIMME
GIMME
GELATO

GIMME GELATO

wenig zu tun. Lebensmittelchemie und Fertigprodukte wurden damals nicht nur weniger kritisch betrachtet, sie galten als modern und innovativ.

Wie bei anderen Lebensmitteln hat sich das Konsumverhalten in Bezug auf Eis geändert – und das gerade in den letzten Jahren. Während Burger früher ein Synonym für das auf Kosteneffizienz getrimmte Massenprodukt großer Franchise-Unternehmen war, gibt es heute in den Städten zahlreiche kleinere Burgerläden, die für Qualität bei den Zutaten und Sorgfalt bei der Zubereitung stehen und beispielsweise Bio-Fleisch regionaler Herkunft anbieten. Neben Großbrauereien behaupten sich Craft-Beer-Brauer auf dem Biermarkt, die neue Geschmacksimpulse setzen. Und auch beim Eis gibt es einen Trend weg von der industriellen Produktion, hin zu einer handwerklichen Herstellung, bei der die Rezepte selbst entwickelt werden, rein natürliche Zutaten zum Einsatz kommen und auf künstliche Zusatzstoffe verzichtet wird. Lange Schlangen vor ausgesuchten Eisläden zeugen von diesem Trend.

Als diplomierter Braumeister habe ich mich von jeher mit Genuss und der Lebensmittelherstellung aus wenigen, natürlichen Rohstoffen beschäftigt. Mit Stationen in aller Welt arbeitete ich zwanzig Jahre für große Unternehmen der Lebensmittel- und Getränkeindustrie, leitete unter anderem eine Brauerei in Japan und nutzte schließlich, zurück in Deutschland, das seltene Angebot, mir eine freiwillige Auszeit zu nehmen. Damit eröffnete sich mir die Chance, mich darauf zu besinnen, was ich am liebsten tun würde. Aber gerade, wenn man wirklich die Freiheit hat zu tun, was man möchte, ist die Antwort auf die Frage, was das denn ist, gar nicht so einfach, wie man das erwarten würde.

Es war der natürliche Geschmack eines Sorbets, der mir schließlich den Anstoß zur entscheidenden Idee gab und im Sommer 2018 zur Gründung der gläsernen Eismanufaktur Gimme Gelato in Berlin-Charlottenburg führte. Als ich mich erkundigte, woraus das Sorbet gemacht sei, war ich überrascht und beeindruckt, aus wie wenigen, natürlichen Zutaten ein Geschmackserlebnis von solcher Intensität entsteht. Ich erlernte das Handwerk der Eisherstellung von der Pike auf an der Gelato University in Bologna, wo ich meinen Mentor Bas van Haaren kennenlernte, sammelte weiteres Know-how, während ich in einer Eismanufaktur in der estnischen Hauptstadt Tallinn arbeitete, bevor ich bei der Handwerkskammer in Frankfurt am Main die Prüfung zum Speiseeishersteller ablegte und mit Gimme Gelato meine Vision verwirklichte, eine neue Gelato-Kultur zu kreieren. Meine Begeisterung, aus wenigen, ausschließlich natürlichen Zutaten Eis zu machen, für das man dahinschmilzt, möchte ich mit den Rezepten dieses Buchs weitergeben.

Handwerklich hergestelltes Eis wird frisch und in kleinen Mengen aus nur wenigen, qualitativ hochwertigen Zutaten zubereitet, die vom Eismacher persönlich ausgewählt werden. Neben der Natürlichkeit der Rohstoffe sind Regionalität und Saisonalität wichtige Bestandteile des Konzepts. Nicht verwendet werden künstliche Farb-, Aroma-, Konservierungsstoffe und Emulgatoren, auch strukturverbessernde Zusatzstoffe und hydrierte Pflanzenfette kommen nicht zum Einsatz. Der Eismacher selbst entwickelt die Rezepte und »bilanziert« das Eis, das heißt, er bestimmt das richtige Verhältnis der Zutaten zueinander, das nach dem Gefrieren die gewünschte Konsistenz und einen ausbalancierten Geschmack ergibt. Auch Waffeln, Toppings und Saucen werden selbst hergestellt.

Ein Großteil der klassischen Eisdielen hingegen wird mit Eis aus industrieller Produktion beliefert oder greift auf sogenannte Eispasten zurück, industriell erzeugte Halbfertig-Produkte, die häufig künstliche Farb-, Aroma- und Konservierungsstoffe enthalten. Sie werden vor Ort mit dem Geschmack der Sorte angereichert, die zubereitet werden soll, und in die Eismaschine gegeben. Die Mischung wird dann – zu Bergen aufgetürmt und kunstvoll dekoriert – nicht selten als »hausgemachtes Eis« angepriesen, geschützt ist dieser Begriff nicht. Eigene Impulse können bei dieser Art der Eiszubereitung nicht gesetzt werden, und das Eis unterscheidet sich in seiner Zusammensetzung allenfalls graduell von Produkten, die Sie im Supermarkt erhalten.

Industriell erzeugtes Eis enthält meist Konservierungsstoffe, die eine lange Mindesthaltbarkeit garantieren. Natürliche Zutaten werden teils durch künstliche Farb- und Aromastoffe ersetzt, um auf dem preissensiblen Markt zu bestehen. Bei der industriellen Herstellung wird das Eis in Freezern mit Kältetunneln gefroren und zeitgleich Luft beziehungsweise Stickstoff in den Mix eingebracht, um eine lockerere Konsistenz zu erreichen. Das Ergebnis eines schon etwas älteren Vanilleeis-Tests der Stiftung Warentest hat mich fasziniert: Üblich war in den Produkten ein Luftaufschlag von mehr als 100 %, der Spitzenwert lag sogar bei 138 %. Die Packungen enthielten also überwiegend Luft. Zum Vergleich: Bei handwerklich hergestelltem Eis liegt der Luftaufschlag bei 25–45 %. Um den hohen Lufteinschluss bei industriell erzeugtem Eis zu stabilisieren, kommen wiederum Zusatzstoffe zum Einsatz.

Vanilleeis gehört übrigens zu den Lieblingseissorten der Deutschen, nur für Schokoladeneis können sich noch mehr Eisliebhaber entflammen. Aber wie viel Vanille enthält industriell erzeugtes Vanilleeis tatsächlich? Nach dem oben erwähnten Test von 2009 prüfte die Stiftung Warentest 2019 erneut Vanilleeis in Haushaltspackungen. Dabei zeigte sich: Insgesamt sparten die Anbieter deutlich seltener an Vanille als noch zehn Jahre zuvor, fünf Produkte enthielten allerdings mit 0,01 bis 0,04 % auch bei diesem Test nicht mehr als ein paar Krümel des edlen Gewürzes, darunter eine der beliebtesten Speiseeismarken. Das Vanilleeis

nach dem Rezept dieses Buchs (siehe S. 24) enthält übrigens ca. 0,4 % Vanille und damit mehr als doppelt so viel wie die getesteten Produkte im Durchschnitt (0,18 %).

Wie viel Vanille Eis enthalten muss, um als Vanilleeis durchzugehen, ist nirgendwo definiert. Festgelegt ist in der EU-Aromaverordnung jedoch, dass in »natürlichem Vanillearoma« nicht mehr als 5 % vanillefremde Stoffe enthalten sein dürfen. Zwei der 2019 getesteten Produkte verstoßen dagegen und weisen eine höhere Menge an Fremdstoffen auf. Farbstoffe fügen bis auf drei Anbieter alle Hersteller dem Eis zu.

Keinen Hinweis auf einen Geschmack nach natürlicher Vanille geben übrigens schwarze Punkte im Vanilleeis. Sie bestehen zwar aus gemahlenen Vanilleschoten, diese wurden jedoch zuvor extrahiert, um Aroma herzustellen, und sind daher ausgelaugt. Zum Geschmack tragen sie nicht bei. Es handelt sich um einen rein optischen Effekt, der einen hohen Vanillegehalt suggerieren soll.

Mit den Rezepten dieses Buchs möchte ich zeigen, wie einfach es ist, frisches und natürliches Eis selbst herzustellen, wenn man bestimmte Grundregeln beachtet. Sie finden Rezepte für cremige Gelatos und fruchtige Sorbets, für veganes Eis, für Semifreddos und für herrlich körnige Grantitas. Alles andere als kompliziert ist auch die Zubereitung von cremigem oder fruchtigem Eis am Stiel oder, um es mit einem Wort zu sagen, Popsicles – eine Bezeichnung, die übrigens auf den Erfinder des Eis am Stiel, Frank Epperson, zurückgeht. Neben Rezepten für Eisbecher, Milch- und vegane Shakes sowie Frappuccino und Affogato al caffè wird auch beschrieben, wie Sie Saucen und Toppings selbst zubereiten.

Johann Wolfgang von Goethe berichtete aus seiner Kindheit, wie ein im Frankfurter Elternhaus einquartierter französischer Graf – die Stadt war damals von den Franzosen besetzt – den Kindern des Hauses »Gefrorenes« zum Nachtisch schicken ließ, um ihnen eine Freude zu machen. Goethes Mutter jedoch schüttete die Nachspeise weg, »weil es ihr unmöglich vorkam, dass der Magen ein wahrhaftes Eis, wenn es auch noch so durchzuckert sei, vertragen könne«, was die armen Kinder natürlich »höchlich betrübte«.

Auf die Idee, Eis könnte schädlich sein, weil es ungesund wäre, Gefrorenes zu verzehren, käme heute niemand mehr. Bedenken beziehen sich heute viel eher auf die Inhaltsstoffe. Wenn Sie Ihr Eis selbst zubereiten, haben Sie die volle Kontrolle über die Zutaten, die in Ihr Gelato oder Ihr Sorbet hineinkommen, und können sich ungetrübtem Genuss hingeben. Zudem können Sie Ihre Gäste mit dem stilvollen Abschluss eines Menüs beeindrucken – einen besonderen Effekt erzielen übrigens passend zum Anlass individualisierte Popsicles (siehe S. 21). Auch Kinder werden über Ihr selbst gemachtes Eis alles andere als »höchlich betrübt« sein – leuchtende Augen sind garantiert.

Die Rezepte dieses Buchs folgen den Grundsätzen der handwerklichen Eisherstellung, indem sie keinerlei künstliche Farb-, Aroma- oder Konservierungsstoffe, künstliche Emulgatoren oder Geschmacksverstärker enthalten. Nur hochwertige, wenn möglich frische Zutaten sollen ins Eis! Worauf dabei zu achten ist und wie die einzelnen Zutaten zu einem vollen Geschmack und einer cremigen Konsistenz Ihres Eis betragen, finden Sie in der Einleitung, außerdem Hinweise zu Tools und Geräten zur Eisherstellung sowie einige Empfehlungen und Tricks für die Zubereitung der Rezepte.

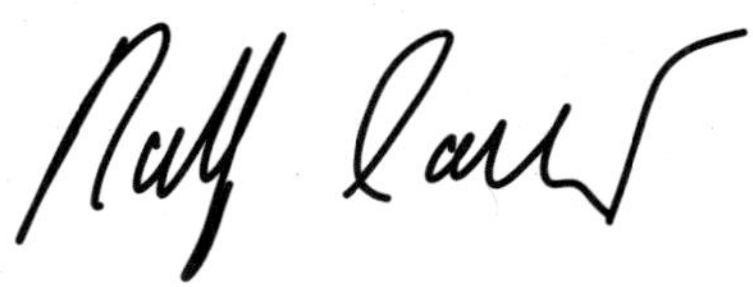

EINLEITUNG

NATÜRLICHES & FRISCHES EIS SO GEHT SELBSTMACHEN EINFACH

WIE SIE LECKERES EIS aus natürlichen Zutaten selbst frisch zubereiten, raffinert kombinieren und den Genuss mit ebenfalls selbst gemachten Toppings und Saucen noch steigern können, wird in diesem Buch in fünf Kapiteln beschrieben.

Im Kapitel »Cremig« finden Sie Rezepte für Gelatos, die aus Milch und Sahne oder Joghurt zubereitet werden oder – als vegane Variante – auf Pflanzendrinks basieren. Darunter finden sich Klassiker wie Vanille- und Schokoladeneis, Stracciatella- und Haselnuss-Gelato, aber auch wunderbare Geschmackskombinationen wie Honig-Lavendel-, Zitronen-Baiser- oder Orange-Zimt-Gelato sowie weitere ausgesuchte Geschmacksrichtungen.

Generell ohne Milchprodukte kommen die Sorbets aus, deren Zubereitung im Kapitel »Fruchtig« beschrieben wird. Und auch hier lassen sich neben Klassikern wie Erdbeer- oder Rhabarbersorbet auch ausgefallenere Varianten wie Kiwi-Bananen-Sorbet, Zitrone-Ingwer-, Schokolade-Blaubeer- oder Tomaten-Tabasco-Sorbet entdecken, um nur einige zu nennen. Und das Mojitosorbet wird Sie davon überzeugen, dass man einen Cocktail nicht unbedingt trinken muss, sondern auch löffelnd genießen kann.

Auch für die besondere Form des Eisgenusses am Stiel werden Rezepte für eine Vielfalt an Aromen präsentiert, nussig wie Pistaziensorbet- oder Erdnuss-Karamell-Gelato-Popsicles, fruchtig wie Himbeere-Minze-Sorbet- oder Joghurt-Blaubeere-Popsicles oder cremig wie Sahne-Mohn-Gelato- oder Mandel-Tonka-Gelato-Popsicles. Natürlich wird hier auch erklärt, wie Eis am Stiel mit einer knackigen Kuvertüre aus dunkler oder Milchschokolade überzogen wird.

Im Kapitel »Shakes und Eisbecher« wird nicht nur beschrieben, wie Sie Gelatos und Sorbets raffiniert kombinieren und toppen sowie Milch- und vegane Shakes zubereiten. Hier finden Sie auch Rezepte für klassische Kreationen mit Kaffee wie Frappuccino und Affogato al caffè, für Granitas mit Zitrone oder Mandel oder für eine Eistorte aus Himbeer- und Schokoladen-Semifreddo. Und auch das Spaghetti-Eis darf natürlich nicht fehlen.

Wie Sie all dem noch einen oben draufsetzen, finden Sie unter »Saucen & Toppings« erklärt. Auch die Zubereitung von Waffelhörnchen, Keksteig, Lebkuchen oder Brioche, die sich wunderbar mit den Eiskreationen kombinieren lassen, wird hier beschrieben.

Zur raschen Orientierung sind die Rezepte durch Symbole gekennzeichnet, deren Bedeutung die nebenstehende Grafik erklärt.

Bevor Sie loslegen, empfiehlt sich ein Blick in die folgenden Hinweise zu Zutaten, Hilfsmitteln und Zubereitung, mit denen Ihr selbst gemachtes Eis garantiert gelingt.

ICONS

OHNE EISMASCHINE

Zubereitung ohne Eismaschine möglich

VEGAN

Bei einigen der veganen Rezepte kommt Essig zum Einsatz. Bitte achten Sie hier darauf, gegebenenfalls veganen Essig zu verwenden, bei dessen Herstellung keine Gelatine zum Einsatz kommt.

ENTHÄLT NÜSSE

Nussallergien zählen zu den häufigsten Lebensmittelallergien. Beachten Sie, dass hier bereits Spuren von Nüssen zu ernsten Folgen führen können. Lassen Sie daher bei bestehender Allergie bei der Zubereitung und dem Servieren mehrerer Eiscremesorten, von denen eine Nuss enthält, besondere Vorsicht walten.

TIPPS & HINWEISE ZU DEN ZUTATEN

FRÜCHTE

Verwenden Sie möglichst frische Früchte in Bio-Qualität, um Gelatos und Sorbets einen intensiven Fruchtgeschmack zu verleihen. Indem die Früchte kalt verarbeitet werden, wird ein Kochgeschmack vermieden und das volle Aroma frischer Früchte bleibt erhalten.

Einen besonders hohen Fruchtgehalt haben Sorbets. Bei ihnen wird der natürliche geschmack der Früchte noch verstärkt. Waschen Sie frische Früchte stets gründlich vor der weiteren Verarbeitung. Tiefgekühlte Früchte haben vor allem den Vorteil, dass sie ganzjährig verfügbar sind. Sie haben darüber hinaus einen definierten Zuckergehalt durch den umgesetzten Zucker, der den Nährwertangaben auf der Packung entnommen werden kann. Achten Sie darauf, ob Zucker zugesetzt wurde. Tauen Sie tiefgekühlte Früchte im Kühlschrank auf, um die Vermehrung von Keimen zu verhindern.

ZITRUSSCHALE

Für erfrischenden Zitrusgeschmack sorgt der Abrieb von Zitronen- oder Orangenschale. Nur Früchte mit unbehandelter Schale dürfen dazu verwendet werden. Bei Bio-Zitrusfrüchten ist die Schale grundsätzlich unbehandelt. Sie können auch auf geriebene Zitrus- und Organgenschale als fertiges Produkt aus dem Reformhaus zurückgreifen, frischer Abrieb ergibt jedoch einen intensiveren Geschmack.

MILCH & SAHNE

Während Sorbet keine Milchprodukte enthält, geht der cremige Geschmack von Gelato gewöhnlich auf eine Mischung von Milch und Sahne zurück. Entscheidend für die Cremigkeit ist der Fettanteil. Die Gelato-Rezepte in diesem Buch basieren, sofern sie Milchprodukte enthalten, neben Vollmilch (3,5 % Fett) auf Sahne mit einem Fettanteil von 30 %. Für einen noch cremigeren Geschmack können Sie aber auch Sahne mit einem Fettgehalt von 32 oder 33 % Fett verwenden.

Veganes Gelato basiert auf Hafer- oder anderen Pflanzendrinks (siehe S. 14). Die Rezepte für veganes Eis sind durch das entsprechendes Symbol (siehe S. 11) schnell auffindbar.

MAGERMILCHPULVER

Milchpulver wird hergestellt, indem Milch das

gesamte freie Wasser entzogen wird. Für Magermilchpulver wird dazu fettarme Milch verwendet. Zusammen mit anderen Trockenstoffen bindet Magermilchpulver im Gelato das Wasser und trägt durch seinen Eiweißgehalt zur cremig-lockeren Konsistenz bei. Es dient nicht als Ersatz für Frischmilch. Magermilchpulver in Bio-Qualität findet sich im Bio-Markt um die Ecke.

ZUCKER & TRAUBENZUCKER

Zucker verleiht dem Eis nicht nur die gewünschte Süße, er setzt auch den Gefrierpunkt des Mix herunter und ist damit wesentlich für die cremige Konsistenz von Gelato und Sorbet. Dazu tragen verschiedene Zuckerarten bei, die in den übrigen Zutaten bereits enthalten sind, wie Fruktose in Früchten oder Laktose in Milch und Sahne; hinzugefügt werden Zucker und Traubenzucker. Während Kristallzucker (Saccharose) intensiver süßt, hemmt Traubenzucker stärker das Gefrieren und macht das Eis feinporiger und cremiger.

Zucker verstärkt zudem den natürlichen Geschmack von Früchten. Der Zuckersirup wird dabei warm hergestellt. So löst sich der Zucker optimal und eine rasche Rekristallisierung wird vermieden.

Mit Milch hergestelltes Gelato hat einen Zuckeranteil von ca. 22 %, Sorbets von ca. 28 %.

Soll auf den Zusatz von Zucker so weit wie möglich verzichtet werden, wird die Cremigkeit mechanisch hergestellt wie bei dem Bananensorbet auf S. 71. Ein so zubereitetes Eis lässt sich allerdings nicht im Tiefkühler aufbewahren, wo es erstarren würde, sondern wird sofort nach dem Zubereiten serviert.

INULIN

Bei Inulin handelt es sich um eine rein pflanzliche Zutat. Topinambur enthält beispielsweise einen hohen Anteil an Inulin, es kann aber auch aus anderen Pflanzen wie Chicorée, Lauch oder Artischocken gewonnen werden. Inulin gehört zu den Ballaststoffen, als Präbiotikum übt es eine positive Wirkung auf die Darmflora aus. Es macht Eis cremiger, ohne den Fettanteil zu erhöhen. Verwenden Sie möglichst Inulin in Bio-Qualität.

SALZ

Salz hat eine starke gefrierhemmende Wirkung, zudem verhindert es die Rekristallisation des Zuckers. Es betont den Geschmack zum Beispiel von Nüssen.

Verwenden Sie Salz bei der Eiszubereitung nur in kleinsten Mengen. Durch seine starke gefrierhemmende Wirkung wird das Eis sonst zu weich oder bleibt flüssig.

EI

Ei ist ein natürlicher Emulgator und trägt zum Beispiel in Vanille- oder Schokoladeneis zur cremigen Konsistenz bei. Indem der Mix vor dem Gefrieren pasteurisiert wird (siehe S. 19), werden Keime abgetötet. Rohes Ei ist nach den Rezepten dieses Buchs in Himbeer- und Schokoladen-Semifreddo enthalten.

Bei der Zubereitung von Eis mit Ei sind die hygienischen Grundregeln zu beachten. Bewahren Sie Eier stets gekühlt auf. Indem die Schale vor dem Aufschlagen der Eier gewaschen wird, wird eine Übertragung von außen anhaftenden Keimen vermieden.

Die in den Rezepten genannte Anzahl bezieht sich auf Eier der Gewichtsklasse M (entspricht einem Gewicht von 53–63 g).

PFLANZENDRINKS

Mit Pflanzendrinks aus Hafer, Mandeln oder Kokosnuss lassen sich nicht nur leckere Shakes, sondern auch veganes Gelato zubereiten. Pflanzendrinks enthalten deutlich weniger Fett als ein Gemisch aus Sahne und Milch, bei der Zubereitung von veganem Gelato wird daher zum Beispiel Kokosfett hinzugefügt.

Die Stiftung Warentest hat im Jahr 2020 18 Haferdrinks getestet. Die getesteten Haferdrinks waren insgesamt von bemerkenswerter Qualität, nur bei einem Drink fanden die Prüfer eine Schadstoffbelastung in nennenswertem Umfang. Auch was den Geschmack anging, fiel keiner der getesteten Drinks durch; geschmacklich voll überzeugen konnten zwei Produkte von Oatly sowie Kölln Smelk Hafer Liebe klassik.

Zahlreiche Anbieter gibt es inzwischen für regional hergestellte Haferdrinks. Bei der professionellen Herstellung wird das Gemisch von Hafer und Wasser fermentiert, als Grundstoff für die Eiszubereitung eignet sich jedoch auch eine einfache Variante, die Sie leicht selbst herstellen können. Dazu 100 g Haferkörner über Nacht in 200 ml Wasser einweichen. Die Mischung durch ein Sieb gießen und die Haferkörner gründlich abspülen. Haferkörner zusammen mit 1 l Wasser auf hoher Stufe für 2–3 Min. in einem Standmixer pürieren. Anschließend durch ein Tuch abseihen, den Haferdrink in einer Schüssel auffangen und sofort verarbeiten.

Um Rezepte für vegane Shakes und veganes Gelato rasch zu finden, achten Sie auf das entsprechende Symbol (siehe S. 11).

NÜSSE

Haselnusseis gehört nach Schokolade und Vanille zu den drei beliebtesten Eissorten der Deutschen. Und karamellisiert machen Nüsse einen Eisbecher zum knackigen Erlebnis. Nussallergien gehören allerdings zu den häufigsten Lebensmittelallergien und können ernste Folgen haben. Rezepte, zu deren Zutaten Nüsse gehören, erkennen Sie rasch an dem entsprechenden Symbol (siehe S. 11).

TOOLS & GERÄTE

EISMASCHINE

Eismaschinen sorgen dafür, dass Gelatos und Sorbets ihre typische Konsistenz erhalten und beim Gefrieren nicht zu hart werden. Dies geschieht, indem der Mix in der Eismaschine unter ständigem Rühren gefriert, wodurch die Eiskristalle klein bleiben und Luft in die Eiscreme eingeschlossen wird.

Nicht alle Rezepte dieses Buchs setzen eine Eismaschine voraus. An dem entsprechenden Symbol (siehe S. 11) können Sie schnell erkennen, welche Gelatos und Sorbets auch ohne gelingen. Die Konsistenz fällt dann aber unter Umständen etwas anders aus, als Sie es von klassischer Eiscreme gewohnt sind.

Es gibt zwei Typen von Eismaschinen: günstige mit Gefrierbehälter und teurere mit Kühlkompressor. Bei den Geräten mit Gefrierbehälter muss dieser vor Gebrauch zwischen 8 und 24 Stunden in den Tiefkühler gestellt werden. Die doppelten Wände des Behälters sind mit einer Kühlflüssigkeit gefüllt, die gefriert und die Kälte dann nach und nach abgibt. Einfache Eismaschinen dieses Typs gibt es bereits ab ca. 35 Euro.

Die selbst kühlenden Geräte sind sofort einsatzbereit. So lassen sich auch mehrere Eisladungen direkt nacheinander zubereiten, was sowohl für Eisbecher mit verschiedenen Sorten als auch bei der Zubereitung von größeren Mengen für eine Party praktisch ist. Hier ist allerdings mit Preisen von 180 Euro aufwärts zu rechnen. Die Geräte haben zudem ein erhebliches Gewicht und sind größer, sodass sie mühsam zu verrücken sind und nicht in jeder Küche Platz finden.

Wenn Sie eine Eismaschine mit Kompressor benutzen, lassen Sie diese ungefähr 5 Min. vorkühlen, bevor sie den Mix in den Behälter füllen. Einige Eismaschinen beider Bauarten fassen nur ein geringes Volumen, sodass es nötig werden kann, zunächst einen Teil des vorbereiteten Mix in der Eismaschine zu gefrieren und den Rest, der in der Zwischenzeit im Kühlschrank aufbewahrt wird, in einem zweiten Durchgang.

Kühlen Sie den Mix, bevor Sie diesen in die Eismaschine füllen, im Eisbad auf mindestens 20 °C herunter. Je stärker Sie vorkühlen, desto leichter wird sich Ihre Eismaschine tun.

Bis der Mix in der Eismaschine gefroren ist, dauert es je nach Gerät zwischen 20 und 40 Min. Gelatos und Sorbets schmecken am besten, direkt nachdem sie der Eismaschine entnommen wurden. Bei Popsicles hingegen sollte das Eis nach dem Einfüllen in die Formen mehrere Stunden im Tiefkühler aushärten und erst dann serviert werden.

TIEFKÜHLER

Um Gelato und Sorbet aushärten zu lassen und aufzubewahren, brauchen Sie nicht unbedingt Gefrierschrank oder -truhe. Auch das Gefrierfach Ihres Kühlschranks eignet sich dazu, sofern es mit mindestens drei Sternen gekennzeichnet ist und genügend Platz bietet. Wählen Sie die tiefste mögliche Temperatur.

Eis nimmt leicht Geruch und Geschmack an, wenn es neben anderen Lebensmitteln aufbewahrt wird. Positionieren Sie es daher zum Aushärten und zur Lagerung im Tiefkühler am besten in einem eigenen Fach, und achten Sie darauf, dass der übrige Inhalt in Behältern oder Gefriertüten aufbewahrt wird, die luftdicht verschlossen sind.

STANDMIXER

Zur Zubereitung von Gelatos und Sorbets eignet sich am besten ein Standmixer. Wo es nur um das Vermischen oder Pürieren nicht allzu fester Zutaten geht, können Sie auch auf einen Stabmixer zurückgreifen. Beim Zerkleinern fester Zutaten wie Nüsse wird man sich damit aber schwertun.

KÜCHENTHERMOMETER

Die meisten Rezepte dieses Buchs setzen ein Küchenthermometer voraus. Ein taugliches digitales Küchenthermometer mit einem Messbereich zwischen – 50 und + 300 °C finden Sie bereits ab ca. 10 Euro.

EISPORTIONIERER

Um aus der gehärteten Masse Kugeln zu formen, empfiehlt sich ein Eisportionierer aus Edelstahl. Halten Sie den Portionierer vor Gebrauch kurz unter kaltes Wasser, damit das Eis nicht anschmilzt, und schütteln Sie ihn gut ab, damit sich keine Kristalle bilden. Ziehen Sie den Portionierer dann zwei- bis viermal gleichmäßig über die Oberfläche der Eiscreme, um eine luftige Kugel zu formen. Vermeiden Sie zu viel Druck und »graben« Sie keine Löcher.

Die Portionsgrößen sind je nach Produkt unterschiedlich. Die Mengenangaben in diesem Buch beziehen sich auf Eisportionier, deren Halbkugel einen Durchmesser von 49 mm beziehungsweise ein Volumen von 1/30 l hat. Aus 1 l Eis lassen sich somit 15 ganze Kugeln formen.

EIS-AM-STIEL-FORMEN

Zur Zubereitung von Popsicles benötigen Sie Formen, in denen der Mix im Tiefkühler aushärtet. Empfehlenswert sind Silikonformen, aus denen sich die Popsicles leicht lösen lassen. Es gibt sie in zahlreichen Varianten, wobei eine Kuvertüre bei einer welligen Struktur besonders gut zur Geltung kommt.

Catybra

GIMME GELATO
GIMME GELATO
GIMME GELATO

EISSTIELE

Klassisch sind bei Eis am Stiel Stäbchen aus Holz. Sie sollten aus hygienischen Gründen allerdings nicht wiederverwendet werden. Doch lässt sich darauf achten, dass sie aus Holz aus nachhaltiger Forstwirtschaft hergestellt sind, und als Naturprodukt sind sie zu 100 % biologisch abbaubar. Alternativ können mehrfach verwendbare Popsicle-Sticks aus Kunststoff benutzt werden.

EISWAFFELEISEN

Um Waffelhörnchen selbst zuzubereiten, genügt eine Pfanne oder – bei Zubereitung im Backofen – ein mit Backpapier ausgelegtes Blech (siehe S. 159).

Durch ein spezielles Eiswaffeleisen erhält die Waffel die geriffelte Struktur und das richtige Format, um daraus den klassischen Kegel zu formen. Elektrisch betriebene Eiswaffelautomaten gibt es zu Preisen ab knapp 40 Euro.

Neben flachen Eiswaffeleisen gibt es auch solche, die die Form eines Hohlkegels haben und im Backofen erhitzt werden. Mithilfe eines ebenfalls kegelförmigen Gegenstücks erhält die Waffel die perfekte Gestalt. Waffeleisen dieser speziellen Bauart sind bei Preisen von über 200 Euro allerdings kostspielig.

WAFFELHÖRNCHENROLLER

Ein Waffelhörnchenroller ähnelt einer Kuchenrolle, es gibt jedoch nur auf einer Seite einen Griff, und die Rolle ist nicht zylinder-, sondern kegelförmig. Indem der Teig um den Kegel gerollt wird, lassen sich die Waffelhörnchen mühelos formen. Waffelhörnchen gelingen auch, wenn Sie sie mit der Hand formen.

TIPPS & TRICKS ZUR ZUBEREITUNG

HYGIENEEMPFEHLUNGEN

Speiseeis ist aus lebensmittelhygienischer Sicht ein sicheres Nahrungsmittel. Dies wird nicht nur durch die Kühlung, sondern auch durch das in den Rezepten beschriebene Verfahren der Pasteurisierung von Milchprodukten sichergestellt. Die grundlegenden Regeln der Küchenhygiene sind selbstverständlich einzuhalten.

PASTEURISIEREN

Das Verfahren der Pasteurisierung – erfunden von Louis Pasteur im Jahr 1864 – dient der Haltbarmachung von leicht verderblichen Lebensmitteln wie Milchprodukten oder Ei: Durch Erhitzen auf eine bestimmte Temperatur und für eine vorgeschriebene Zeit werden die enthaltenen Mikroorganismen inaktiviert. Ein Nebeneffekt bei der Zubereitung von Eis ist, dass die Zutaten des Mix sich zu einer homogenen Mischung verbinden und freies Wasser gebunden wird.

Wie in den Rezepten beschrieben wird der Mix auf mindestens 85 °C erhitzt. Beachten Sie, dass diese Temperatur für mindestens 4 Sekunden nicht unterschritten werden darf und der Topf – um Geschmackseinbußen zu vermeiden – unmittelbar danach vom Herd genommen werden sollte. Die anschließende Abkühlung muss möglichst rasch erfolgen, da sich der Mix sonst zu lange in einer kritischen Temperaturzone befinden würde, in der sich Keime schnell vermehren könnten. Daher erfolgt die Abkühlung im Eisbad (siehe unten).

EISBAD

Ein Eisbad dient dem raschen Abkühlen von zuvor erhitzten Zutaten. Dies ist aus lebensmittelhygienischer Sicht geboten – und verkürzt darüber hinaus die Zubereitungszeit.

Die Herstellung eines Eisbads ist denkbar einfach: Füllen Sie eine Schüssel mit kaltem Wasser und geben Sie Eiswürfel hinzu. Positionieren Sie dann den Topf, in dem der Mix erhitzt wurde, im Eisbad, bis er die im Rezept angegebene Temperatur erreicht hat.

Achten Sie darauf, dass die Schüssel, in der Sie das Eisbad bereiten, groß genug ist, um den Topf ohne Überfließen aufzunehmen.

IM WASSERBAD ERWÄRMEN

Eine besonders schonende Methode, um Saucen zu erhitzen und Butter, Schokolade oder Kuvertüre zu schmelzen, ist das Erwärmen im Wasserbad. Erhitzen Sie dazu auf dem Herd Wasser in einem Topf, ohne es zum Kochen zu bringen. Hängen Sie ein Passiersieb über den Topf, in das Sie eine kleinere Schüssel stellen, sodass sie das Wasser nicht berührt, sondern der aufsteigende Dampf die Schüssel und ihren Inhalt sanft erwärmt.

Beim Schmelzen von Schokolade oder Kuvertüre darf kein Tropfen Wasser hineingelangen, da diese sonst klumpt. Seien Sie daher beim Umrühren vorsichtig, damit nicht Wasser aus dem Topf in die Schüssel schwappt.

Um Butter, Schokolade oder Kuvertüre vorsichtig zu schmelzen, können Sie auch eine Mikrowelle verwenden. Wählen Sie dazu eine mittlere Stufe und kurze Zeitintervalle von höchstens einer Minute, um ein Braunwerden der Butter beziehungsweise ein Verbrennen von Schokolade oder Kuvertüre auszuschließen.

INFUSION

Eine Infusion erhalten Sie, indem Sie das Aroma zum Beispiel von Kräutern, Gewürzen oder Kaffee extrahieren. Dazu lassen Sie diese in Wasser, Milch oder Öl ziehen. Dabei unterscheidet man zwischen einer heiß gezogenen Infusion, die sich zum Beispiel für Vanille oder Lavendelblüten empfiehlt, und einer kalt gezogenen, der für frische Kräuter wie Minze und Basilikum oder für Kaffeebohnen der Vorzug zu geben ist. Der Geschmack geht dabei auf die Flüssigkeit über, in der Sie die Aromastoffe ziehen lassen. Bei einer heiß gezogenen Infusion reicht dazu meist eine kürzere Zeit aus als bei einer kalt gezogenen. In beiden Fällen aber gilt, dass der Geschmack desto intensiver sein wird, je länger Sie die Aromastoffe ziehen lassen. Stellen Sie die Mischung am besten über Nacht in den Kühlschrank, um einen intensiven Geschmack zu erreichen. Anschließend werden die extrahierten Aromastoffe entfernt, indem die Mischung durch ein Sieb gegeben wird.

Drücken Sie die im Sieb zurückbleibenden Kräuter, Blüten oder anderen Aromastoffe äußerst sorgfältig aus, denn sonst geht ein Großteil des Geschmacks verloren.

KARAMELLISIEREN

Zucker zu karamellisieren ist einfach, wenn einige Regeln beachtet werden. Folgen Sie der Anleitung in den einzelnen Rezepten daher genau. Wichtig ist, den Zucker oder Zuckersirup nach dem Erreichen von 185 °C nicht zu lange auf dem Herd zu lassen, da er sonst zu verbrennen beginnt und einen bitteren Geschmack erhält. Hier können einige Sekunden den Unterschied machen.

Rühren Sie den Zucker, während er schmilzt und zu karamellisieren beginnt, nicht um, da dies zu einer ungleichmäßigen Erhitzung führt, sodass er stellenweise verbrennt.

POPSICLES INDIVIDUALISIEREN

Mithilfe eines hitzebeständigen Siegelstempels aus Metall lassen sich Popsicles auf einfache Weise personalisieren, sei es durch Initialen, ein Logo oder für eine Geburtstagsfeier durch die Zahl der Lebensjahre.

1. Den Stempel dazu im Tiefkühler bei mindestens –18 °C (entspricht der maximalen Einstellung eines mit drei Sternen gekennzeichneten Gefrierfachs) gut vorkühlen.

2. Den Popsicle wie auf S. 98 beschrieben mit dunkler oder heller Kuvertüre überziehen.

3. Den Stempel auf die gewünschte Stelle drücken, während die Schokolade noch flüssig ist, und für ca. 5 Sekunden in Position halten, bevor er abgezogen wird.

4. Die Kuvertüre des Popsicles für 30 Min. im Tiefkühler aushärten lassen.

SERVIEREN

Servieren Sie Gelato und Sorbet bei einer Temperatur zwischen –11 und –16 °C. Nehmen Sie das Eis dazu 5–10 Min. vor dem Servieren aus dem Tiefkühler.

HALTBARKEIT UND LAGERUNG

Die Gelatos und Sorbets, deren Zubereitung die Rezepte in diesem Buch beschreiben, können Sie bei –8 °C bis zu sechs Wochen im Tiefkühler aufbewahren. Bei längerer Lagerung entstehen zunehmend große Kristalle, die die cremige Konsistenz beeinträchtigen.

Auch durch Temperaturschwankungen können Kristalle entstehen. Lagern Sie das Eis daher am besten im hinteren, von der Tür entfernten Bereich des Tiefkühlers. Bewahren Sie es stets in luftdicht schließenden Behältern auf und möglichst separat von anderen Lebensmitteln, da es sehr leicht Geruch und Geschmack annimmt.

Kühlen Sie den Behälter vor, um eine durch Antauen entstehende Kristallisation zu vermeiden. Wählen Sie einen nicht zu großen Behälter, damit wenig Luft über dem Eis bleibt und die Oxidation minimiert wird. Füllen Sie den Behälter jedoch nicht bis zum Rand, da sich der Mix beim Gefrieren ausdehnt.

Um die Oxidation und äußere Einflüsse möglichst gering zu halten, können Sie das Eis im Behälter zusätzlich mit Backpapier abdecken.

Am leckersten schmecken Gelatos und Sorbets allerdings frisch, direkt nachdem sie der Eismaschine entnommen sind.

CREMIG

Crème de la Eiscrème: Klassisches Gelato macht Groß und Klein glücklich. Neben den Lieblingssorten Vanille, Schokolade und Erdbeere gibt's noch einige neue Aromen zu entdecken.

VANILLEEIS

Ergibt ca. 7 Kugeln

ZUTATEN FÜR CA. 500 G

60 g Zucker

15 g Traubenzucker

25 g Magermilchpulver

1 Eigelb

1–2 Vanilleschoten (2 g)

315 ml Vollmilch (3,5 % Fett)

75 ml Sahne (30 % Fett)

30 g Zucker, Traubenzucker und Magermilchpulver in einer Schüssel mischen.

Eigelb und übrigen Zucker in einer zweiten Schüssel ebenfalls gut mischen.

Vanilleschoten der Länge nach aufschneiden und das Vanillemark mit einem Löffel oder der stumpfen Seite eines Messers auskratzen.

Milch, Sahne, Vanilleschoten und -mark in einem mittelgroßen Topf auf 40 °C erhitzen, dann Zucker, Traubenzucker und Magermilchpulver zufügen. Anschließend unter Rühren auf 85 °C erhitzen und die Masse über die Zucker-Eigelb-Mischung gießen. Mit dem Schneebesen gut miteinander verquirlen, bis die Mischung dickflüssiger wird, dann zurück in den Topf gießen.

Unter Rühren die Masse im Topf erneut auf 85 °C erhitzen, anschließend im Eisbad (siehe S. 19) auf mindestens 20 °C abkühlen.

Den Mix in der Eismaschine gefrieren.

Dazu passt: Schokoladen-Topping (S. 155)

SCHOKOLADENEIS

Ergibt ca. 7 Kugeln

ZUTATEN FÜR CA. 500 G

60 g Zucker

15 g Traubenzucker

1 Eigelb

315 ml Vollmilch (3,5 % Fett)

40 ml Sahne (30 % Fett)

60 g Zartbitterschokolade (70 % Kakao)

30 g Zucker und Traubenzucker in einer Schüssel mischen.

Eigelb und übrigen Zucker in einer zweiten Schüssel ebenfalls gut mischen.

Milch und Sahne in einem Topf auf 40 °C erhitzen, dann Zucker und Traubenzucker zufügen.

Anschließend unter Rühren auf 85 °C erhitzen und die Masse über die Zucker-Eigelb-Mischung gießen. Mit dem Schneebesen gut miteinander verquirlen, bis die Mischung dickflüssig wird, dann zurück in den Topf gießen.

Unter Rühren die Masse im Topf erneut auf 85 °C erhitzen, anschließend im Eisbad (siehe S. 19) auf mindestens 60 °C abkühlen, dabei weiter rühren.

Schokolade vorsichtig in einem Wasserbad (siehe S. 20) oder in der Mikrowelle schmelzen und anschließend zur Mischung geben. Beides im Standmixer gut vermischen.

Den Mix im Eisbad auf mindestens 20 °C abkühlen und anschließend in der Eismaschine gefrieren.

Dazu passt:
Stracciatella-Gelato (S. 36)

KARAMELL-GELATO

Ergibt ca. 7 Kugeln

ZUTATEN FÜR CA. 500 G

330 ml Vollmilch (3,5 % Fett)
10 g Traubenzucker
25 g Magermilchpulver
1 Prise Salz
55 ml Sahne (30 % Fett)
65 g Zucker
20 g Butter

Milch, Traubenzucker, Magermilchpulver und Salz in einer Schüssel gut mischen.

Sahne auf dem Herd oder in der Mikrowelle auf 50 °C erhitzen.

Zucker und 40 ml Wasser in einen Topf miteinander verrühren. Dann – ohne umzurühren – bei mittlerer Temperatur erhitzen, bis die Flüssigkeit verdunstet ist. Nach einer Weile beginnt der Zucker zu karamellisieren und wird braun (weiter nicht umrühren). Bei 185 °C den Topf vom Herd nehmen, vorsichtig Butter in Stücken zugeben und mit dem Schneebesen einrühren, bis sie sich aufgelöst hat.

Unter Rühren zunächst die warme Sahne zufügen, dann die Milch-Zucker-Mischung, und alles auf 85 °C erhitzen. Anschließend im Eisbad (siehe S. 19) auf mindestens 20 °C abkühlen.

Den abgekühlten Mix in der Eismaschine gefrieren.

Dazu passt: Karamellsauce (S. 156) als Topping

ZITRONE-BAISER-GELATO

Ergibt ca. 8 Kugeln

ZUTATEN FÜR CA. 575 G

60 g Zucker

15 g Traubenzucker

30 g Magermilchpulver

280 ml Vollmilch (3,5 % Fett)

120 ml Sahne (30 % Fett)

1 Eigelb

50 ml frisch gepresster Zitronensaft

FÜR DAS LEMON CURD

25 g Butter

25 g Zucker

1 g Bio-Zitronenabrieb

15 ml frisch gepresster Zitronensaft

1 Eigelb

25 g Baiser

Für das Gelato Zucker, Traubenzucker und Magermilchpulver in einer Schüssel mischen.

Milch, Sahne und Eigelb in einem Topf unter Rühren auf 40 °C erhitzen, dann die Zucker-Magermilch-Mischung zufügen. Anschließend unter Rühren auf 85 °C erhitzen, dann im Eisbad (siehe S. 19) auf mindestens 20 °C abkühlen.

Mindestens 6 Stunden, besser über Nacht im Kühlschrank abgedeckt ruhen lassen.

Anschließend mit einem Pürierstab mixen und 50 ml Zitronensaft einlaufen lassen.
Den Mix in der Eismaschine gefrieren.

Für das Lemon Curd Butter, Zucker, Zitronenabrieb, Zitronensaft und Eigelb in einer Schüssel über einem Wasserbad (siehe S. 20) unter ständigem Rühren vorsichtig auf 85 °C erhitzen.

Baiser in kleine Stücke brechen.

Zum Servieren abwechselnd Eis, Lemon Curd und Baiser schichten.

Tipp: mit dünnen Streifen unbehandelter Zitronenschale garnieren

ERFRISCHENDES MINZ-GELATO

Ergibt ca. 7 Kugeln

ZUTATEN FÜR CA. 500 G

60 g Zucker

10 g Traubenzucker

30 g Magermilchpulver

310 ml Vollmilch (3,5 % Fett)

90 ml Sahne (30 % Fett)

20–25 g frische Minzblätter

Zucker, Traubenzucker und Magermilchpulver in einer Schüssel mischen.

Milch und Sahne in einem Topf auf 40 °C erhitzen, dann Zucker, Traubenzucker und Magermilchpulver einrühren. Anschließend unter Rühren auf 85 °C erhitzen, dann im Eisbad (siehe S. 19) auf mindestens 20 °C abkühlen.

Minzblätter gründlich waschen und zu der Mischung geben.

Mischung luftdicht abgedeckt mindestens 6 Stunden lang im Kühlschrank ruhen lassen.

Anschließend die Mischung durch ein Sieb gießen und auffangen, die im Sieb zurückbleibenden Minzblätter gut auspressen.

Den Mix in der Eismaschine gefrieren.

Tipp: einige Minzblätter mit dem Handmixer zerkleinern und der Mischung zufügen

WEISSER-KAFFEE-GELATO

Zucker, Traubenzucker und Magermilchpulver in einer Schüssel mischen.

Die Kaffeebohnen leicht zerdrücken, sodass sich aus jeder Bohne 2–3 große Stücke ergeben.

Milch, Sahne und Kaffeebohnen in einem Topf unter Rühren auf 40 °C erhitzen, dann Zucker, Traubenzucker und Magermilchpulver einrühren. Anschließend unter Rühren auf 85 °C erhitzen, dann den Topf vom Herd nehmen und die Mischung abgedeckt für 30 Min. ziehen lassen. Danach im Eisbad (siehe S. 19) auf mindestens 20 °C abkühlen.

Die Mischung durch ein Sieb gießen, um die Kaffeebohnenstücke zu entfernen.

Den Mix in der Eismaschine gefrieren.

Alternativ die zerdrückten Kaffeebohnen über Nacht im Kühlschrank in der Mich ziehen lassen.

Ergibt ca. 7 Kugeln

ZUTATEN FÜR CA. 500 G

60 g Zucker

10 g Traubenzucker

30 g Magermilchpulver

15 g Kaffeebohnen

310 ml Vollmilch (3,5 % Fett)

90 ml Sahne (30 % Fett)

STRACCIATELLA-GELATO

Ergibt ca. 7 Kugeln

ZUTATEN FÜR CA. 550 G

60 g Zucker

10 g Traubenzucker

30 g Magermilchpulver

50 g dunkle Schokolade (70 % Kakao)

280 ml Vollmilch (3,5 % Fett)

120 ml Sahne (30 % Fett)

Zucker, Traubenzucker und Magermilchpulver in einer Schüssel mischen.

Die Schokolade in kleine Stücke von ca. 2 mm schneiden.

Milch und Sahne auf 40 °C erhitzen, dann Zucker, Traubenzucker und Magermilchpulver zugeben. Anschließend unter Rühren auf 85 °C erhitzen, danach im Eisbad (siehe S. 19) auf mindestens 20 °C abkühlen.

Die Mischung in die Eismaschine geben und den Gefriervorgang starten. Wenn das Eis zu gefrieren beginnt, die Schokoladenstücke zugeben.

Die Schokolade wird von der Maschine in das Eis gemischt. (Wenn die Schokolade nicht gründlich genug untergemischt wird, manuell mit einem Löffel unterrühren.)

Variation: weiße oder Ruby-Schokolade verwenden

HONIG-LAVENDEL-GELATO

Zucker, Honig und Magermilchpulver in einer Schüssel mischen.

Milch, Sahne und Lavendelblüten in einem Topf unter Rühren auf 40 °C erhitzen, dann Zucker, Honig und Magermilchpulver zugeben. Anschließend unter Rühren auf 85 °C erhitzen, danach im Eisbad (siehe S. 19) auf mindestens 20 °C abkühlen.

Die abgekühlte Mischung durch ein Sieb gießen, die im Sieb zurückbleibenden Lavendelblüten gut ausdrücken.

Den Mix in der Eismaschine gefrieren.

Tipp: mit Honig toppen und mit Lavendelblüten garnieren

Ergibt ca. 7 Kugeln

ZUTATEN FÜR CA. 500 G

50 g Zucker

20 g Honig

30 g Magermilchpulver

310 ml Vollmilch (3,5 % Fett)

90 ml Sahne (30 % Fett)

3 g Lavendelblüten (getrocknet)

POPCORN-GELATO

Ergibt ca. 7 Kugeln

ZUTATEN FÜR CA. 500 G

ca. 1 EL Pflanzenöl

20 g Maiskörner (getrocknet)

50 g Zucker

20 g Traubenzucker

30 g Magermilchpulver

310 ml Vollmilch (3,5 % Fett)

90 ml Sahne (30 % Fett)

1 Prise Salz (optional)

Den Boden eines Topfs mit Pflanzenöl bedecken und Maiskörner zugeben. Topf mit einem Deckel schließen und auf höchster Stufe erhitzen. Beim Aufplatzen der ersten Maiskörner den Topf vom Herd nehmen und abwarten, bis alle Körner gepufft sind. Nach Belieben zuckern oder salzen.

Zucker, Traubenzucker und Magermilchpulver in einer Schüssel mischen.

Milch und Sahne zusammen mit dem Popcorn in einem Topf unter Rühren auf 40 °C erhitzen, dann Zucker, Traubenzucker und Magermilchpulver zugeben. Anschließend unter Rühren auf 85 °C erhitzen, dann den Topf vom Herd nehmen und die Mischung abgedeckt für 30 Min. ziehen lassen. Danach im Eisbad (siehe S. 19) auf mindestens 20 °C abkühlen.

Die Mischung durch ein Sieb abgießen, das im Sieb zurückbleibende Popcorn gut ausdrücken.

Tipp für die salzige Variante: auch dem Mix eine Prise Salz zufügen

HASELNUSS-GELATO

Haselnüsse im vorgeheizten Backofen bei 180 °C 8–12 Min. rösten, vom Blech nehmen und auskühlen lassen. Nüsse in ein Tuch geben und gegeneinander reiben, um sie zu enthäuten. Anschließend zusammen mit 150 ml Milch im Standmixer pürieren, bis eine glatte Konsistenz erreicht ist.

Zucker, Traubenzucker und Magermilchpulver in einer Schüssel mischen.

155 ml Milch und Sahne in einem Topf unter Rühren auf 40 °C erhitzen, dann langsam Zucker, Traubenzucker und Magermilchpulver zugeben. Anschließend unter Rühren auf 85 °C erhitzen, danach im Eisbad (siehe S. 19) auf mindestens 20 °C abkühlen. Zur Haselnussmischung im Standmixer geben, Salz zufügen und mixen, bis eine homogene Masse entsteht.

Den Mix in der Eismaschine gefrieren.

Ergibt ca. 7 Kugeln

ZUTATEN FÜR CA. 500 G

50 g Haselnüsse

305 ml Vollmilch (3,5 % Fett)

45 g Zucker

20 g Traubenzucker

20 g Magermilchpulver

60 ml Sahne (30 % Fett)

1 Prise Salz

Variationen: Mit gerösteten Macadamianüssen oder gerösteten Cashewkernen statt Haselnüssen zubereiten.

ERDBEER-JOGHURTEIS

Ergibt ca. 7 Kugeln

ZUTATEN FÜR CA. 500 G

50 g Zucker

20 g Traubenzucker

115 g frische Erdbeeren

315 g Joghurt (3,5 %Fett)

1 TL Zitronensaft

Zucker und Traubenzucker in einer Schüssel mischen.

Erdbeeren mit reichlich kaltem Wasser gründlich waschen, im Sieb abtropfen lassen und anschließend Kelchblätter mit einem scharfen Messer entfernen.

Erdbeeren, Joghurt und Zitronensaft im Standmixer mischen, dann Zucker und Traubenzucker zugeben und auf kleiner Stufe weitermixen, bis eine glatte Konsistenz erreicht ist.

Den Mix in der Eismaschine gefrieren.

Variation: griechischen Joghurt (10 % Fett) verwenden für einen volleren Geschmack

SCHWARZER-SESAM-GELATO

Sesam löst bei manchen Menschen starke allergische Reaktionen aus.

Zucker, Traubenzucker und Magermilchpulver in einer Schüssel mischen.

Milch, Öl und Sesam im Standmixer mischen. Diese Mischung zusammen mit Sahne in einem Topf unter Rühren auf 40 °C erhitzen, dann Zucker, Traubenzucker und Magermilchpulver zugeben. Anschließend unter Rühren auf 85 °C erhitzen, danach im Eisbad (siehe S. 19) auf mindestens 20 °C abkühlen.

Die abgekühlte Mischung im Standmixer mischen und das Salz zugeben.

Den Mix in der Eismaschine gefrieren.

Tipp: mit weißen oder mit braunen Sesamkörnern garnieren

Ergibt ca. 7 Kugeln

ZUTATEN FÜR CA. 500 G

60 g Zucker

10 g Traubenzucker

25 g Magermilchpulver

300 ml Vollmilch (3,5 % Fett)

10 g Pflanzenöl (z. B. Traubenkernöl, Rapsöl)

40 g schwarzer Sesam

55 ml Sahne (30 % Fett)

1 Prise Salz

VANILLE-HAFER-GELATO

Ergibt ca. 7 Kugeln

ZUTATEN FÜR CA. 500 G

60 g Zucker

25 g Traubenzucker

20 g Inulin

1 Prise Salz

3 g Vanilleschoten

365 ml Haferdrink

30 g Kokosfett (desodoriert)

Zucker, Traubenzucker, Inulin und Salz in einer Schüssel mischen.

Vanilleschoten der Länge nach aufschneiden und das Vanillemark mit einem Löffel oder der stumpfen Seite eines Messers auskratzen.

Haferdrink, Vanilleschoten und -mark in einem Topf auf 40 °C erhitzen, dann Zucker, Traubenzucker, Inulin und Salz einrühren.

Kokosfett in der Pfanne bei geringer Hitze (oder in der Mikrowelle bei mittlerer Stufe) schmelzen und dem Mix zugeben. Die Mischung anschließend unter Rühren auf 85 °C erhitzen, dann vom Herd nehmen und abgedeckt 30 Min. ziehen lassen. Danach im Eisbad (siehe S. 19) auf mindestens 20 °C abkühlen.

Die Mischung durch ein Sieb abgießen, die im Sieb zurückbleibenden Vanilleschoten gut ausdrücken.

Die Masse im Standmixer pürieren und anschließend in der Eismaschine gefrieren.

Tipp: sehr lecker im Golden Shake (S. 138)

SCHOKOLADE-HAFER-GELATO

Zucker, Traubenzucker und Salz in einer Schüssel mischen.

Den Haferdrink in einem Topf auf 40 °C erhitzen, dann Zucker, Traubenzucker und Salz einrühren.

Das Kokosfett auf dem Herd (oder in der Mikrowelle) schmelzen und unter Rühren der auf 45 °C erhitzten Mischung zugeben. Anschließend die Mischung unter Rühren auf 85 °C erhitzen, danach im Eisbad (siehe S. 19) auf 65 °C abkühlen.

Schokolade in Stücke brechen und in den Standmixer geben. Mit der Mischung aus dem Topf übergießen und alles pürieren. Anschließend die Mischung im Eisbad auf mindestens 20 °C abkühlen.

Den Mix in der Eismaschine gefrieren.

Passt zu: Vanille-Hafer-Gelato (S. 48)

Ergibt ca. 7 Kugeln

ZUTATEN FÜR CA. 500 G

55 g Zucker

20 g Traubenzucker

1 Prise Salz

355 ml Haferdrink

10 g Kokosfett (desodoriert)

60 g Schokolade (70 % Kakao)

ORANGE-ZIMT-GELATO

Ergibt ca. 7 Kugeln

ZUTATEN FÜR CA. 550 G

60 g Zucker
10 g Traubenzucker
30 g Magermilchpulver
5 g Zimtpulver
1 Prise Salz
310 ml Vollmilch (3,5 % Fett)
90 ml Sahne (30 % Fett)
Abrieb von 2 Bio-Orangen
35 g kandierte Orangen

Zucker, Traubenzucker, Magermilchpulver, Zimtpulver und Salz in einer Schüssel mischen.

Milch und Sahne zusammen mit dem Orangenabrieb in einem Topf auf 40 °C erhitzen, dann die Zuckermischung einrühren. Anschließend unter Rühren auf 85 °C erhitzen, danach im Eisbad (siehe S. 19) auf mindestens 20 °C abkühlen.

Die abgekühlte Masse im Standmixer gut mischen.

Kandierte Orangen in Stücke hacken und der Masse mit einem Löffel unterrühren.

Den Mix in der Eismaschine gefrieren.

Tipp: Lässt sich wunderbar mit Lebkuchengelato (S. 55) und Lebkuchen (S. 167) kombinieren!

LEBKUCHEN-GELATO

Zucker, Traubenzucker, Magermilchpulver, Lebkuchengewürz und Salz in einer Schüssel mischen.

Milch und Sahne in einem Topf auf 40 °C erhitzen, dann die Zuckermischung einrühren. Anschließend unter Rühren auf 85 °C erhitzen, danach im Eisbad (siehe S. 19) auf mindestens 20 °C abkühlen.

Die abgekühlte Masse nochmals umrühren, dann in der Eismaschine gefrieren.

Variation: Lebkuchenstücke (siehe S. 167) zugeben oder zwischen 2 Lebkuchen als Cookie-Eis-Sandwich servieren

Ergibt ca. 7 Kugeln

ZUTATEN FÜR CA. 500 G

60 g Zucker

10 g Traubenzucker

30 g Magermilchpulver

5 g Lebkuchengewürz (Zimt, Sternanis, Ingwer, Nelken, schwarzer Pfeffer)

1 Prise Salz

310 ml Vollmilch (3,5 % Fett)

90 ml Sahne (30 % Fett)

KONDENSMILCHEIS

Ergibt ca. 7 Kugeln

ZUTATEN FÜR CA. 500 G

265 ml Sahne

235 ml gezuckerte Kondensmilch

Die Sahne mit dem Handmixer steif schlagen. Anschließend die Kondensmilch vorsichtig unterheben.

Die Mischung in einen Behälter füllen und gut abgedeckt über Nacht im Tiefkühler gefrieren.

Serviervorschlag: Mit frischen Erdbeeren und Sahne servieren

Variation: Vor dem Gefrieren nach Belieben zerstoßene Kekse (z. B. Spekulatius, Amaretti oder Butterkekse) zugeben

FRUCHTIG

Wunderbar erfrischend: Sorbets aus Obst, Beeren und Kräutern sind Fruchtgenuss pur und ideal für heiße Sommertage.

WASSERMELONE-BASILIKUM-SORBET

Ergibt ca. 7 Kugeln

ZUTATEN FÜR CA. 500 G

20 g frische Basilikumblätter

65 g Zucker

30 g Traubenzucker

20 g Inulin

345 g Wassermelone

1 TL Zitronensaft

Gewaschene Basilikumblätter zusammen mit 40 ml Wasser in eine Schüssel geben, luftdicht abdecken und mindestens 1 Stunde im Kühlschrank ziehen lassen.

Anschließend Wasser durch ein Sieb gießen, die im Sieb zurückbleibenden Basilikumblätter gut ausdrücken und das Wasser auffangen.

Zucker, Traubenzucker und Inulin in einer separaten Schüssel mischen.

Wassermelone in 2–3 cm große Stücke schneiden und zusammen mit Zitronensaft sowie dem mit Basilikum angereicherten Wasser im Standmixer fein pürieren. Weitermixen und dabei Zucker, Traubenzucker und Inulin einrieseln lassen, bis eine homogene Masse entsteht.

Den Mix in der Eismaschine gefrieren.

Dazu passen: Brüsseler Waffeln (S. 160). Klassisch ist die Kombination mit Vanilleeis (S. 24)

TOMATE-TABASCO-SORBET

Zucker, Traubenzucker und Salz in einer Schüssel mischen.

Paprika waschen, entkernen und grob hacken.

Tomatensaft, Limettensaft, Tabasco und 120 ml Wasser in einem Topf auf 45 °C erhitzen, dabei unter Rühren Zucker, Traubenzucker und Salz zugeben.

Die Mischung zusammen mit der Paprika im Standmixer pürieren, dann im Eisbad (siehe S. 19) auf mindestens 20 °C abkühlen. Anschließend in der Eismaschine gefrieren.

Tipp: Mit Büffelmozzarella oder Burrata als Vorspeise servieren

Ergibt ca. 7 Kugeln

ZUTATEN FÜR CA. 500 G

50 g Zucker

30 g Traubenzucker

1 Prise Salz

15 g rote Paprika

280 ml Tomatensaft

2 TL Limettensaft

2 Tropfen Tabasco

MOJITOSORBET

Ergibt ca. 7 Kugeln

ZUTATEN FÜR CA. 500 G

25 g frische Minzblätter

105 g Zucker

20 g Inulin

125 ml frisch gepresster Limettensaft (entspricht ca. 3 Limetten)

40 ml dunkler Rum (37,5 % Vol.)

Abrieb von 1 Bio-Limette

Gewaschene Minzblätter zusammen mit 215 ml Wasser in eine Schüssel geben, luftdicht abdecken und mindestens 3 Stunden im Kühlschrank ziehen lassen.

Das Wasser durch ein Sieb gießen und auffangen, die im Sieb zurückbleibenden Minzblätter gut ausdrücken.

Zucker und Inulin in einer Schüssel mischen.

Limettensaft, Rum und Minzwasser im Standmixer mischen, dabei Zucker und Inulin sowie Limettenabrieb zugeben. Weitermixen, bis eine homogene Masse entsteht.

Den Mix in der Eismaschine gefrieren.

Tipp: mit einem kleinen Minzzweig oder etwas Limettenabrieb garnieren

ANANAS-BASILIKUM-SORBET

Gewaschene Basilikumblätter zusammen mit 135 ml lauwarmem Wasser in eine Schüssel geben, luftdicht abdecken und mindestens 1 Stunde im Kühlschrank ziehen lassen.

Wasser durch ein Sieb gießen und auffangen, die im Sieb zurückbleibenden Basilikumblätter gut ausdrücken.

Zucker und Traubenzucker in einer separaten Schüssel mischen.

Ananas schälen, Stiel- und Blütenansatz abtrennen und Strunk herausschneiden. Das verbleibende Fruchtfleisch in kleine Stücke schneiden und zusammen mit Zitronensaft sowie dem mit Basilikum angereicherten Wasser im Standmixer fein pürieren, dabei Zucker und Traubenzucker langsam zufügen. Weitermixen, bis eine homogene Masse entsteht.

Den Mix in der Eismaschine gefrieren.

Tipp: Mit Basilikumblättern garnieren

Ergibt ca. 7 Kugeln

ZUTATEN FÜR CA. 500 G

20 g frische Basilikumblätter

275 g Ananas

60 g Zucker

25 g Traubenzucker

1 TL Zitronensaft
(alternativ: Weißweinessig)

ROTE-TRAUBEN-SORBET

Ergibt ca. 7 Kugeln

ZUTATEN FÜR CA. 500 G

50 g Zucker

20 g Traubenzucker

350 g rote Trauben (kernlos)

1 TL Zitronensaft (alternativ: Weißweinessig)

Zucker und Traubenzucker in einer Schüssel mischen.

Die Trauben gründlich waschen und zusammen mit 70 ml Wasser und dem Zitronensaft im Standmixer pürieren, dabei langsam Zucker und Traubenzucker zugeben. Weitermixen, bis eine homogene Masse entsteht.

Den Mix in der Eismaschine gefrieren.

Variation: weiße kernlose Trauben statt roter verwenden. Zusammen serviert ergänzen sich beide Varianten perfekt.

BANANENSORBET
MIT HONIG

Die Bananen schälen, in mittelgroße Stücke teilen und diese in einem Gefrierbeutel verpackt mindestens 2 ½ Stunden gefrieren.

Die gefrorenen Bananen zusammen mit 160 ml Wasser und den übrigen Zutaten im Standmixer zu einer cremigen Masse pürieren und im Anschluss servieren.

Tipp: mit gebackener Banane und Honig servieren

Ergibt ca. 7 Kugeln

ZUTATEN FÜR CA. 500 G

300 g reife Bananen

3 ½ TL Honig

1 TL frisch gepresster Zitronensaft

1 Prise Zimt (optional)

ZITRONE-INGWER-SORBET

ZUTATEN FÜR CA. 500 G

80 g Zucker

35 g Traubenzucker

20 g Inulin

15 g frischer Ingwer

125 ml frisch gepresster Zitronensaft (entspricht 2 ½ Zitronen)

Abrieb von 1 Bio-Zitrone

Zucker, Traubenzucker und Inulin in einer Schüssel mischen.

Ingwer fein reiben und zusammen mit Zitronensaft und 235 ml Wasser im Standmixer mischen, dabei die Zuckermischung einrieseln lassen, bis eine homogene Masse entsteht.

Anschließend den Zitronenabrieb zugeben und die Mischung 10 Min. ruhen lassen.

Den Mix noch einmal umrühren, in die Eismaschine füllen und gefrieren.

Dazu passt: Kiwi-Banane-Sorbet (S. 87)

PFLAUMEN-SORBET

Zucker und Traubenzucker in einer Schüssel mischen.

Pflaumen gründlich waschen, entkernen und halbieren. Zusammen mit Zitronensaft und 150 ml Wasser im Standmixer fein pürieren, dabei Zucker und Traubenzucker einrieseln lassen, bis eine homogene Masse entsteht.

Den Mix in der Eismaschine gefrieren.

Dazu passt: Kirsche-Hibiskus-Sorbet (S. 79)

Tipp: mit gehobelten Mandeln bestreut servieren

Ergibt ca. 7 Kugeln

ZUTATEN FÜR CA. 500 G

65 g Zucker

30 g Traubenzucker

250 g Pflaumen

1 TL Zitronensaft (alternativ: Weißweinessig)

ERDBEER-SORBET

Ergibt ca. 7 Kugeln

ZUTATEN FÜR CA. 500 G

70 g Zucker

40 g Traubenzucker

300 g frische Erdbeeren

2 TL Balsamico-Essig

Zucker und Traubenzucker in einer Schüssel mischen.

Erdbeeren mit reichlich kaltem Wasser gründlich waschen, im Sieb abtropfen lassen. Anschließend die Kelchblätter mit einem scharfen Messer entfernen.

Erdbeeren, 80 ml Wasser und Balsamico-Essig im Standmixer vorsichtig mischen, dabei die Zuckermischung einrieseln lassen, bis eine homogene Masse entsteht.

Den Mix ca. 30 Min. im Kühlschrank ruhen lassen, anschließend in der Eismaschine gefrieren.

Dazu passt:
Rhabarbersorbet (S. 83)

KIRSCHE-HIBISKUS-SORBET

Ergibt ca. 7 Kugeln

ZUTATEN FÜR CA. 500 G

60 g Zucker

35 g Traubenzucker

3 g getrockneter Hibiskus

325 g frische Kirschen

Zucker und Traubenzucker in einer Schüssel mischen.

80 ml Wasser in einem Topf zusammen mit Hibiskus unter Rühren auf 40 °C erhitzen, dann langsam Zucker und Traubenzucker zufügen und die Mischung unter weiterem Rühren auf 85 °C erhitzen. Vom Herd nehmen und abgedeckt ca. 30 Min. ziehen lassen.

Die Mischung durch ein Sieb gießen und auffangen. Den im Sieb zurückbleibenden Hibiskus gut ausdrücken.

Kirschen waschen, entkernen und zusammen mit dem Zuckersirup im Standmixer fein pürieren, bis eine homogene Masse entsteht.

Den Mix in der Eismaschine gefrieren.

Dazu passt:
Pflaumensorbet *(S. 75)*

WEISSER-PFIRSICH-SORBET

Ergibt ca. 7 Kugeln

ZUTATEN FÜR CA. 500 G

65 g Zucker

30 g Traubenzucker

300 g Pfirsich (weißfleischig)

1 TL Zitronensaft (alternativ: Weißweinessig)

Zucker und Traubenzucker in einer Schüssel mischen.

Pfirsiche gründlich waschen, entkernen und halbieren, dann zusammen mit Zitronensaft und 100 ml Wasser im Standmixer fein pürieren. Dabei Zucker und Traubenzucker zugeben. Weitermixen, bis eine homogene Masse entsteht.

Den Mix in der Eismaschine gefrieren.

Dazu passt: Blutorange-Campari-Sorbet (S. 84)

RHABARBER-SORBET

Rhabarber waschen und in ca. 2 cm lange Stücke schneiden, dann zusammen mit Zucker, Traubenzucker, Rotweinessig und 195 ml Wasser in einen Topf geben. Bei mittlerer Hitze für 15–18 Min. köcheln lassen, dabei nur gelegentlich mit dem Schneebesen umrühren, damit die Rhabarberstücke nicht zu sehr zerfallen.

Den Mix vom Herd nehmen und auf mindestens 20 °C abkühlen lassen, dann in der Eismaschine gefrieren.

Tipp: mit Erdbeersorbet (S. 76) oder mit Erdbeersauce (S. 152) servieren

Ergibt ca. 7 Kugeln

ZUTATEN FÜR CA. 500 G

185 g frischer Rhabarber

85 g Zucker

30 g Traubenzucker

2 TL Rotweinessig

BLUTORANGE-CAMPARI-SORBET

Ergibt ca. 7 Kugeln

ZUTATEN FÜR CA. 500 G

340 ml frisch gepresster Blutorangensaft (entspricht ca. 4 Orangen)

50 ml Campari

1 EL Zitronensaft

1 TL Rotweinessig (alternativ: Balsamico-Essig)

90 g Zucker

Blutorangensaft, Campari, Zitronensaft und Rotweinessig im Standmixer gut mischen und dabei langsam den Zucker zufügen.

Den Mix in der Eismaschine gefrieren.

Tipp: mit frisch gepresstem Orangensaft in einem Glas servieren

KIWI-BANANE-SORBET

Zucker und Traubenzucker in einer Schüssel mischen.

Kiwis schälen und halbieren, Banane in mittelgroße Stücke teilen.

Kiwis und Banane in den Standmixer geben und 150 ml Wasser sowie Zitronensaft zugießen.

Die Frucht-Wasser-Mischung im Standmixer pürieren, dabei langsam Zucker und Traubenzucker zugeben. Weitermixen, bis eine homogene Masse entsteht.

Den Mix in der Eismaschine gefrieren.

Tipp: mit frischen Kiwischeiben garnieren

Ergibt ca. 7 Kugeln

ZUTATEN FÜR CA. 500 G

60 g Zucker

30 g Traubenzucker

175 g Kiwi (entspricht ca. 2 Stück)

75 g geschälte Banane

1 TL Zitronensaft

SCHOKOLADE-BLAUBEER-SORBET

Ergibt ca. 7 Kugeln

ZUTATEN FÜR CA. 500 G

50 g Zucker

20 g Traubenzucker

1 Prise Salz

60 g dunkle Schokolade (70 % Kakao)

180 g frische Blaubeeren

Zucker, Traubenzucker und Salz in einen Topf geben, 180 ml Wasser zugießen und umrühren.

Die Mischung unter Rühren auf 85 °C erhitzen, anschließend in einem Eisbad (siehe S. 19) auf 65 °C abkühlen lassen.

Die Schokolade im Standmixer zusammen mit dem Zuckersirup gut mischen, bis sich die Schokolade vollständig aufgelöst hat. Die Blaubeeren zugeben und alles fein pürieren.

Den Mix auf mindestens 20 °C abkühlen und anschließend in der Eismaschine gefrieren.

Tipp: Mit frischen Blaubeeren und Schokoladensauce (S. 155) servieren

KORIANDER-KOKOS-LIMETTE-SORBET

Gewaschenen Koriander zusammen mit 100 ml Wasser in eine Schüssel geben, luftdicht abdecken und mindestens 1 Stunde im Kühlschrank ziehen lassen.

Das Wasser durch ein Sieb gießen und auffangen, den im Sieb verbleibenden Koriander gut ausdrücken.

Zucker, Traubenzucker und Salz in einer separaten Schüssel mischen.

Limettensaft, Kokosmilch und das mit Koriander angereicherte Wasser zusammen mit ein paar Korianderblättern im Standmixer mixen, dabei Zucker, Traubenzucker und Salz zufügen. Weitermixen, bis eine homogene Masse entsteht.

Den Mix in der Eismaschine gefrieren.

Tipp: sehr lecker als Shake mit Milch oder Kokosdrink

Ergibt ca. 7 Kugeln

ZUTATEN FÜR CA. 500 G

10 g frischer Koriander

70 g Zucker

35 g Traubenzucker

1 Prise Salz

100 ml frisch gepresster Limettensaft (entspricht ca. 2 ½ Limetten)

200 ml Kokosmilch (19 % Fett)

AM STIEL

Beißen erlaubt!
Gelatos und Sorbets machen als bunte Popsicles garantiert gute Laune. Und das Beste: Der Formenvielfalt für das Eis am Stiel sind keine Grenzen gesetzt!

MANGOSORBET-POPSICLES

Ergibt ca. 8 Eis am Stiel

ZUTATEN FÜR CA. 500 G

250 g Fruchtfleisch einer frischen Mango

60 g Zucker

30 g Traubenzucker

1 TL frisch gepresster Zitronensaft

AUSSERDEM

Silikonformen, Holzstäbchen

bei Zubereitung ohne Eismaschine: Spritzbeutel

Mango waschen, schälen und das Fruchtfleisch vom Kern schneiden.

Zucker und Traubenzucker in einer Schüssel mischen.

Das Fruchtfleisch zusammen mit Zitronensaft und 160 ml Wasser im Standmixer pürieren, dabei langsam Zucker und Traubenzucker zugeben. Weitermixen, bis eine homogene Masse entsteht.

Die Masse ca. 30 Min. im Kühlschrank ruhen lassen.

Anschließend den Mix in der Eismaschine gefrieren, dann mit dem Spatel gleichmäßig in die Silikonformen streichen.

Alternativ kann die Masse ohne vorheriges Gefrieren mit dem Spritzbeutel in die Formen gefüllt werden.

Die Holzstäbchen einsetzen, dabei mit dem Spatel Rückstände entfernen und die Masse glatt streichen.

Die Popsicles über Nacht im Tiefkühler aushärten lassen, erst dann entnehmen.

HIMBEERE-MINZE-SORBET-POPSICLES

Ergibt 6–8 Eis am Stiel

ZUTATEN FÜR CA. 475 G

25 g frische Minzblätter

65 g Zucker

30 g Traubenzucker

250 g frische Himbeeren

2 TL Balsamico-Essig

AUSSERDEM

Silikonformen, Holzstäbchen

bei Zubereitung ohne Eismaschine: Spritzbeutel

Minzblätter zusammen mit 130 ml Wasser in eine Schüssel geben, luftdicht abgedeckt mindestens 3 Stunden im Kühlschrank ziehen lassen.

Das Wasser durch ein Sieb gießen, die im Sieb zurückbleibenden Minzblätter gut ausdrücken.

Zucker und Traubenzucker in einer separaten Schüssel mischen.

Gewaschene Himbeeren zusammen mit Essig und dem Minzwasser im Standmixer pürieren, dabei langsam Zucker und Traubenzucker zugeben. Weitermixen, bis eine homogene Masse entsteht.

Den Mix in der Eismaschine gefrieren, dann mit dem Spatel gleichmäßig in die Silikonformen streichen.

Alternativ kann die Masse ohne vorheriges Gefrieren mit dem Spritzbeutel in die Formen gefüllt werden.

Die Holzstäbchen einsetzen, dabei mit dem Spatel Rückstände entfernen und die Masse glatt streichen.

Die Popsicles über Nacht im Tiefkühler aushärten lassen, erst dann entnehmen.

KUVERTÜRE
FÜR POPSICLES

ZUTATEN FÜR KUVERTÜRE AUS DUNKLER SCHOKOLADE

400 g dunkle Schokolade (70 % Kakao)

40 g Kokosfett

20 ml Pflanzenöl

ZUTATEN FÜR KUVERTÜRE AUS MILCHSCHOKOLADE

400 g Milchschokolade

60 g Kokosfett

25 ml Pflanzenöl

Alle Zutaten in einen Topf geben, der breit und hoch genug ist, dass der Popsicle ganz eingetaucht werden kann. Im Wasserbad vorsichtig auf 30–34 °C erhitzen, ohne dass Wasser in die Mischung gelangt.

Bei Zubereitung in der Mikrowelle die Mischung in geeignetem Gefäß bei mittlerer Stufe erhitzen, dabei kleine Zeitintervalle (max. 1 Min.) wählen, um ein Verbrennen der Schokolade zu verhindern.

Immer wieder vorsichtig mit einem Löffel umrühren, um Blasenbildung zu vermeiden.

Die ausgehärteten Popsicles einzeln aus dem Tiefkühler nehmen. Kleine Eiskristalle auf dem Stick vorsichtig entfernen.

Den Popsicle mit einer schnellen, aber sanften Bewegung in die Kuvertüre tauchen und wieder herausziehen, überschüssige Schokolade über dem Gefäß abtropfen lassen. Sobald die Schokolade »angezogen« hat, die Popsicles für 30 min. in den Tiefkühler legen, um die Kuvertüre aushärten zu lassen.

MANDEL-TONKA-GELATO-POPSICLES

Zucker, Traubenzucker, Magermilchpulver, Salz und Tonkabohnen in einer Schüssel mischen.

Sahne und 150 ml Milch in einem Topf auf 40 °C erhitzen, dann unter Rühren die Zuckermischung zugeben und weiter auf 85 °C erhitzen. Vom Herd nehmen und ca. 30 Min. abgedeckt stehen lassen, dann im Eisbad (siehe S. 19) auf mindestens 20 °C abkühlen. Mit einem Sieb die Tonkabohnen entfernen.

Mandeln und weitere 150 ml Milch im Standmixer pürieren, dabei die Milch-Sahne-Mischung zugeben. Weitermixen, bis eine homogene Masse entsteht.

Den Mix in der Eismaschine gefrieren, dann mit dem Spatel gleichmäßig in die Silikonformen streichen.

Alternativ kann die Masse ohne vorheriges Gefrieren mit dem Spritzbeutel in die Formen gefüllt werden.

Die Holzstäbchen einsetzen, dabei mit dem Spatel Rückstände entfernen und die Masse glatt streichen.

Die Popsicles über Nacht im Tiefkühler aushärten lassen, erst dann entnehmen.

Ergibt 6–8 Eis am Stiel

ZUTATEN FÜR CA. 500 G

45 g Zucker

20 g Traubenzucker

20 g Magermilchpulver

1 Prise Salz

2 Tonkabohnen

65 ml Sahne (30 % Fett)

300 ml Vollmilch (3,5 % Fett)

50 g geröstete Mandeln

AUSSERDEM

Silikonformen, Holzstäbchen

bei Zubereitung ohne Eismaschine: Spritzbeutel

BANANE-ORANGE-SORBET-POPSICLES

Ergibt 7–8 Eis am Stiel

ZUTATEN FÜR CA. 575 G

40 g getrocknete, entkernte Datteln

125 g geschälte Bananen

300 ml frisch gepresster Orangensaft (entspricht ca. 3 Orangen)

1 TL Zitronensaft

AUSSERDEM

Silikonformen, Holzstäbchen

bei Zubereitung ohne Eismaschine: Spritzbeutel

Die Datteln in eine Schüssel geben, mit ca. 100 ml kochendem Wasser übergießen und 2–3 Min. ziehen lassen, um sie »geschmeidiger« zu machen. Anschließend die Datteln zusammen mit Bananen, Orangensaft und Zitronensaft im Standmixer pürieren, bis eine homogene Masse entsteht.

Den Mix in der Eismaschine gefrieren, dann mit dem Spatel gleichmäßig in die Silikonformen streichen.

Alternativ kann die Masse ohne vorheriges Gefrieren mit dem Spritzbeutel in die Formen gefüllt werden.

Die Holzstäbchen einsetzen, dabei mit dem Spatel Rückstände entfernen und die Masse glatt streichen.

Die Popsicles über Nacht im Tiefkühler aushärten lassen, erst dann entnehmen.

JOGHURT-BLAUBEERE-POPSICLES

Zucker und Traubenzucker in einer Schüssel mischen.

Blaubeeren gründlich mit kaltem Wasser waschen, abtropfen lassen und zusammen mit dem Joghurt im Standmixer pürieren, dabei langsam Zucker und Traubenzucker zugeben. Weitermixen, bis eine homogene Masse entsteht.

Die Masse ca. 30 Min. im Kühlschrank ruhen lassen.

Anschließend den Mix in der Eismaschine gefrieren, dann mit dem Spatel gleichmäßig in die Silikonformen streichen.

Alternativ kann die Masse ohne vorheriges Gefrieren mit dem Spritzbeutel in die Formen gefüllt werden.

Die Holzstäbchen einsetzen, dabei mit dem Spatel Rückstände entfernen und die Masse glatt streichen.

Die Popsicles über Nacht im Tiefkühler aushärten lassen, erst dann entnehmen.

Ergibt 7–8 Eis am Stiel

ZUTATEN FÜR CA. 550 G

50 g Zucker

20 g Traubenzucker

125 g frische Blaubeeren

350 g Joghurt (3,5 % Fett)

AUSSERDEM

Silikonformen, Holzstäbchen

bei Zubereitung ohne Eismaschine: Spritzbeutel

PISTAZIENSORBET-POPSICLES

Ergibt 6–8 Eis am Stiel

ZUTATEN FÜR CA. 500 G

60 g Zucker

25 g Traubenzucker

20 g Inulin

1 Prise Salz

55 g ganze geröstete Pistazien

AUSSERDEM

Silikonformen, Holzstäbchen

bei Zubereitung ohne Eismaschine: Spritzbeutel

Zucker, Traubenzucker, Inulin und Salz in einer Schüssel mischen.

170 ml Wasser in einem Topf auf 40 °C erhitzen, dann die Zuckermischung einrühren. Anschließend auf 85 °C erhitzen und danach im Eisbad (siehe S. 19) auf mindestens 20 °C abkühlen.

Pistazien mit 175 ml Wasser im Standmixer pürieren, bis eine glatte Konsistenz erreicht ist. Anschließend langsam den Zuckersirup zugießen und weitermixen, bis eine homogene Masse entsteht.

Den Mix in der Eismaschine gefrieren, dann mit dem Spatel gleichmäßig in die Silikonformen streichen.

Alternativ kann die Masse ohne vorheriges Gefrieren mit dem Spritzbeutel in die Formen gefüllt werden.

Die Holzstäbchen einsetzen, dabei mit dem Spatel Rückstände entfernen und die Masse glatt streichen.

Die Popsicles über Nacht im Tiefkühler aushärten lassen, erst dann entnehmen.

KOKOSSORBET-POPSICLES

Zucker, Traubenzucker, Inulin und Kokosflocken in einer Schüssel mischen.

150 ml Wasser in einem Topf auf 40 °C erhitzen, dann die Zuckermischung einrühren. Anschließend auf 85 °C erhitzen, danach im Eisbad (siehe S. 19) auf mindestens 20 °C abkühlen.

Die Kokosmilch zugeben und vorsichtig mit dem Schneebesen umrühren, damit die Kokosflocken erhalten bleiben.

Den Mix in der Eismaschine gefrieren, dann mit dem Spatel gleichmäßig in die Silikonformen streichen.

Alternativ kann die Masse ohne vorheriges Gefrieren mit dem Spritzbeutel in die Formen gefüllt werden.

Die Holzstäbchen einsetzen, dabei mit dem Spatel Rückstände entfernen und die Masse glatt streichen.

Die Popsicles über Nacht im Tiefkühler aushärten lassen, erst dann entnehmen.

Ergibt 6–8 Eis am Stiel

ZUTATEN FÜR CA. 500 G

60 g Zucker

30 g Traubenzucker

15 g Inulin

20 g Kokosflocken

225 g Kokosmilch

AUSSERDEM

Silikonformen, Holzstäbchen

bei Zubereitung ohne Eismaschine: Spritzbeutel

SCHOKOLADENSORBET-POPSICLES

Ergibt 6–8 Eis am Stiel

ZUTATEN FÜR CA. 500 G

60 g Zucker

20 g Traubenzucker

15 g Kakaopulver

1 Prise Salz

60 g dunkle Schokolade (70 % Kakao) in Stücken

AUSSERDEM

Silikonformen, Holzstäbchen

bei Zubereitung ohne Eismaschine: Spritzbeutel

Zucker, Traubenzucker, Kakaopulver und Salz in einer Schüssel mischen.

360 ml Wasser in einem Topf auf 40 °C erhitzen, dann Zucker, Traubenzucker, Kakaopulver und Salz zugeben. Unter Rühren weiter auf 90 °C erhitzen, anschließend den Topf in ein Eisbad (siehe S. 19) stellen.

Die Mischung auf 65 °C abkühlen und zusammen mit der Schokolade in den Standmixer geben. So lange mixen, bis sich die Schokolade vollständig aufgelöst hat, anschließend auf mindestens 20 °C abkühlen lassen.

Den Mix in der Eismaschine gefrieren, dann mit dem Spatel gleichmäßig in die Silikonformen streichen.

Alternativ kann die Masse ohne vorheriges Gefrieren mit dem Spritzbeutel in die Formen gefüllt werden.

Die Holzstäbchen einsetzen, dabei mit dem Spatel Rückstände entfernen und die Masse glatt streichen.

Die Popsicles über Nacht im Tiefkühler aushärten lassen, erst dann entnehmen.

ERDNUSS-KARAMELL-GELATO-POPSICLES

Ergibt 6–8 Eis am Stiel

ZUTATEN FÜR CA. 500 G

45 g geröstete ganze Erdnüsse

330 ml Vollmilch (3,5 % Fett)

10 g Traubenzucker

10 g Magermilchpulver

1 Prise Salz

25 ml Sahne (30 % Fett)

65 g Zucker

20 g zimmerwarme Butter

AUSSERDEM

Silikonformen, Holzstäbchen

bei Zubereitung ohne Eismaschine: Spritzbeutel

Erdnüsse und 170 ml Milch im Standmixer pürieren, bis eine homogene Masse entsteht.

Die übrige Milch, Traubenzucker, Magermilchpulver und Salz in einer Schüssel gut mischen.

Sahne auf dem Herd oder in der Mikrowelle auf 50 °C erhitzen.

Zucker und 40 ml Wasser in einen Topf miteinander verrühren. Dann – ohne umzurühren – bei mittlerer Temperatur erhitzen, bis die Flüssigkeit verdunstet ist. Nach einer Weile beginnt der Zucker zu karamellisieren und wird braun (weiterhin nicht umrühren). Bei 185 °C den Topf vom Herd nehmen, vorsichtig Butter in Stücken zugeben und mit dem Schneebesen einrühren, bis sie sich aufgelöst hat.

Unter Rühren zunächst die warme Sahne, dann die Milch-Zucker-Mischung zufügen und alles auf 85 °C erhitzen. Anschließend im Eisbad (siehe S. 19) auf mindestens 20 °C abkühlen, dann zur Erdnussmischung im Standmixer geben und gut mischen.

Den Mix in der Eismaschine gefrieren, dann mit dem Spatel gleichmäßig in die Silikonformen streichen.

Alternativ kann die Masse ohne vorheriges Gefrieren mit dem Spritzbeutel in die Formen gefüllt werden.

Die Holzstäbchen einsetzen, dabei mit dem Spatel Rückstände entfernen und die Masse glatt streichen.

Die Popsicles über Nacht im Tiefkühler aushärten lassen, erst dann entnehmen.

Tipp: Die Spitze mit Milchschokoladenkuvertüre (S. 98) überziehen und sofort in gehackten Erdnüssen wenden.

KIWISORBET-POPSICLES

Zucker und Traubenzucker in einer Schüssel mischen.

Kiwis schälen und halbieren, dann mit 150 ml Wasser und Zitronensaft im Standmixer pürieren, dabei langsam Zucker und Traubenzucker zufügen. Weitermixen, bis eine homogene Masse entsteht.

Den Mix in der Eismaschine gefrieren, dann mit dem Spatel gleichmäßig in die Silikonformen streichen.

Alternativ kann die Masse ohne vorheriges Gefrieren mit dem Spritzbeutel in die Formen gefüllt werden.

Die Holzstäbchen einsetzen, dabei mit dem Spatel Rückstände entfernen und die Masse glatt streichen.

Die Popsicles über Nacht im Tiefkühler aushärten lassen, erst dann entnehmen.

Ergibt 6–8 Eis am Stiel

ZUTATEN FÜR CA. 500 G

65 g Zucker

30 g Traubenzucker

250 g Kiwi (entspricht ca. 3 Kiwis)

1 TL Zitronensaft
(alternativ: Weißweinessig)

AUSSERDEM

Silikonformen, Holzstäbchen

bei Zubereitung ohne Eismaschine: Spritzbeutel

Tipp: Mit veganer Schokoladenkuvertüre überziehen (S. 98)

SAHNE-MOHN-GELATO-POPSICLES

Ergibt 7–8 Eis am Stiel

ZUTATEN FÜR CA. 500 G

60 g Zucker

10 g Traubenzucker

30 g Magermilchpulver

310 ml Vollmilch (3,5 % Fett)

90 ml Sahne (30 % Fett)

10 g Mohn

AUSSERDEM

Silikonformen, Holzstäbchen

bei Zubereitung ohne Eismaschine: Spritzbeutel

Zucker, Traubenzucker und Magermilchpulver in einer Schüssel mischen.

Milch und Sahne in einen Topf gießen und den Mohn zufügen. Die Mischung unter Rühren auf 40 °C erhitzen, dann Zucker, Traubenzucker und Magermilchpulver einrühren. Anschließend auf 85 °C erhitzen, danach im Eisbad (siehe S. 19) auf mindestens 20 °C abkühlen.

Die abgekühlte Masse im Standmixer mischen.

Den Mix in der Eismaschine gefrieren, dann mit dem Spatel gleichmäßig in die Silikonformen streichen.

Alternativ kann die Masse ohne vorheriges Gefrieren mit dem Spritzbeutel in die Formen gefüllt werden.

Die Holzstäbchen einsetzen, dabei mit dem Spatel Rückstände entfernen und die Masse glatt streichen.

Die Popsicles über Nacht im Tiefkühler aushärten lassen, erst dann entnehmen.

SHAKES

& EISBECHER

Hier kommt zusammen, was zusammengehört: Kräftiger Kaffee und Gelato, Eiskugeln und Schokosauce, fruchtiges Sorbet und Pflanzendrink – cremig aufgeschlagen.

FRAPPUCCINO

Ergibt 2 Gläser à 200 ml

ZUTATEN FÜR CA. 400 ML

200 ml Espresso

100 ml Vollmilch (3,5 % Fett)

80 g Eiswürfel

optional: ca. 20 g Zucker (nach persönlichem Geschmack)

optional: 40 g Sahne (30 % Fett)

optional: Topping oder Sauce aus dem Kapitel »Topping und Saucen«.

Espresso zubereiten und im Kühlschrank oder Tiefkühler abkühlen.

Sahne – falls gewünscht – mit der Küchenmaschine cremig schlagen

Espresso, Milch, Eiswürfel und – je nach Geschmack – Zucker im Standmixer mischen.

Frappuccino in die Gläser füllen, wenn erwünscht mit Schlagsahne toppen.

Variation: mit Karamellsauce (S. 156) oder Schokoladensauce (S. 155) zubereiten.

NUSSBECHER
MIT KARAMELLISIERTEN NÜSSEN

50 g Zucker in einem mittelgroßen Topf bei mittlerer Temperatur erhitzen, dabei nicht umrühren. Wenn der Zucker zu karamellisieren beginnt, abwarten, bis er ganz braun ist, dann den Nussmix zugeben und gut umrühren. Sobald die Nüsse komplett mit dem karamellisierten Zucker überzogen sind, diese zum Abkühlen auf die Silikonmatte schütten. Nach dem Abkühlen nicht in Stücke schneiden oder brechen.

Sahne und 15 g Zucker vermischen und mit der Küchenmaschine luftig schlagen.

2/3 der karamellisierten Nüsse auf die 4 Becher verteilen.

Je 1 Kugel Haselnuss-, Mandel-Tonka- und Karamell-Gelato in die Becher geben.

Mit einem Spritzbeutel die Sahne auf die 4 Becher verteilen und mit Mandelcrumbles und den übrigen karamellisierten Nüssen garnieren.

Ergibt 4 Becher à 250 ml

ZUTATEN FÜR CA. 1 L

65 g Zucker

160 g Nüsse (Mischung)

200 ml Sahne (30 % Fett)

4 Kugeln Haselnuss-Gelato (siehe S. 43)

4 Kugeln Mandel-Tonka-Gelato (siehe S. 101)

4 Kugeln Karamell-Gelato (siehe S. 28)

Mandelcrumbles (siehe S. 145)

AUSSERDEM

Silikonmatte (alternativ: Backblech mit Backpapier), Spritzbeutel, 4 Eisbecher

KOKOSNUSS-MANGO-SHAKE

Ergibt 2 Gläser à 250 ml

ZUTATEN FÜR CA. 500 G

2 Kugeln veganes Kokosnusssorbet (siehe S. 109)

2 Kugeln Mangosorbet (siehe S. 94)

200 ml Haferdrink

optional: Kokosraspeln, gewürfelte frische Mango

Sorbets und Haferdrink im Standmixer auf hoher Stufe cremig schlagen.

Den Shake gleichmäßig auf die Gläser verteilen und mit Kokosraspeln und / oder gewürfelter frischer Mango toppen.

RHABARBER-PFLAUMEN-SHAKE

Ergibt 2 Gläser à 250 ml

ZUTATEN FÜR CA. 500 G

2 Kugeln Rhabarbersorbet (siehe S. 83)

2 Kugeln Pflaumensorbet (siehe S. 75)

200 ml Haferdrink

Die Sorbets und den Haferdrink im Standmixer auf hoher Stufe cremig schlagen.

Den Shake gleichmäßig auf die Gläser aufteilen.

SPAGHETTI-EIS

Sahne mit einer Küchenmaschine aufschlagen und in die Mitte von 2 vorgekühlten Teller geben.

Je 2 Kugeln des Vanilleeises durch die Kartoffelpresse drücken, sodass sich die »Spaghetti« gleichmäßig über die Sahne verteilen und diese vollständig bedeckt ist.

Mit Erdbeersauce und Kokosraspeln garnieren.

Variation: Verwenden Sie geraspelte weiße Schokolade statt Kokosraspeln

Ergibt 2 Portionen

ZUTATEN FÜR CA. 380 G

4 Kugeln Vanilleeis (siehe S. 24))

40 g Erdbeersauce (siehe S. 152)

40 ml Sahne (30 % Fett)

20 g Kokosraspeln

AUSSERDEM
Kartoffelpresse

GRÜNE SAUCE
FÜR SPAGHETTI-EIS

Pistazien in einem Mixer in mehreren Etappen zu einer feinen Paste pürieren. Dies kann einige Minuten dauern.

Weiße Kuvertüre klein hacken.

Sahne kurz aufkochen, über die Kuvertüre gießen und beides miteinander verrühren, bis eine homogene Masse entsteht.

Pistazienpaste zugeben und mit einer Prise Salz abschmecken.

ZUTATEN FÜR CA. 300 G

100 g weiße Kuvertüre

100 g Sahne (30 % Fett)

100 g geröstete, ungesalzene Pistazien oder Pistazienpaste (100 % Pistazien)

1 Prise Salz

WALDFRUCHTBECHER (SOMMERTIRAMISU)

Ergibt 4 Becher à 200 ml

ZUTATEN FÜR CA. 800 ML

100 g Mascarpone

200 ml Sahne (30 % Fett)

100 g Zucker

8 g Vanillezucker

600 g frische Waldfrüchte (gemischt)

8 Löffelbiskuit

Orangenlikör

4 Kugeln Erdbeersorbet (siehe S. 76)

4 Kugeln Himbeer-Minz-Sorbet (siehe S. 97)

4 Minzblätter

AUSSERDEM
4 Eisbecher

Mascarpone, Sahne, 50 g Zucker und Vanillezucker mischen. Den Mix in einer Küchenmaschine aufschlagen, bis eine Creme mit luftiger Konsistenz entsteht. Anschließend 2 Stunden abgedeckt im Kühlschrank ruhen lassen.

200 g Waldfrüchte mit 50 g Zucker im Standmixer pürieren.

Löffelbiskuitstücke am Boden der Becher platzieren und mit Orangenlikör benetzen.

Pürierte Früchte auf die Becher verteilen und je 2 EL ganze Früchte zufügen. Mit je einer Kugel Erdbeersorbet toppen, darauf 2 EL Mascarponecreme auftragen.

Eine neue Schicht aus mit Orangenlikör benetzten Löffelbiskuitstücken bilden und wiederum 2 EL Mascarponecreme auftragen.

Die übrigen Waldfrüchte auf die Becher verteilen und mit je einer Kugel Himbeer-Minz-Sorbet toppen.

Die Becher mit je einem Minzblatt garnieren und servieren.

AFFOGATO AL CAFFÈ

Die 2 Gläser für mindestens 1 Stunde in den Tiefkühler stellen.

2 Espresso zubereiten.

Je 1 Kugel Vanilleeis in die vorgekühlten Gläser geben und mit einem Espresso übergießen.

Variationen: mit Karamell-Gelato (S. 28) oder Weißer-Kaffee-Gelato (S. 35) statt mit Vanilleeis zubereiten

Ergibt 2 Gläser

ZUTATEN

2 Espresso

2 Kugeln Vanilleeis (siehe S. 24)

AUSSERDEM

2 Whiskygläser

ZITRONENGRANITA

Ergibt 2 Gläser à 200 ml

ZUTATEN FÜR CA. 500 G

200 ml frisch gepresster Zitronensaft (entspricht 3–4 Zitronen)

Abrieb von 1 Bio-Zitrone

60 g Zucker

Zitronensaft in eine Schüssel geben, Zitronenabrieb zugeben.

Zucker, 240 ml Wasser und Zitronensaft mit dem Schneebesen mischen, bis sich der Zucker aufgelöst hat.

Den Mix für 3–4 Stunden in den Tiefkühler stellen und ca. alle 30 Min. mit der Gabel durchmischen, bis er dickflüssig wird und mit Eiskristallen durchsetzt ist.

Tipp: Nach sardischer Art wird die Granita zum Frühstück im Glas serviert, dazu auf einem Teller Brioche (S. 164).

MANDELGRANITA

Mandeln und 350 ml Wasser im Standmixer auf hoher Stufe fein pürieren. Den Zucker zugeben und erneut mixen.

Den Mix in eine Edelstahlschüssel geben und für ca. 4 Stunden in den Tiefkühler stellen. Alle 30 Min. mit der Gabel durchmischen, bis er dickflüssig wird und mit Eiskristallen durchsetzt ist.

Tipp: Auch bei dieser Granita passt Brioche dazu (S. 164).

Ergibt 2 Gläser à 250 ml

ZUTATEN FÜR CA. 500 G

90 g geröstete Mandeln

60 g Zucker

GOLDEN SHAKE

Ergibt 2 Gläser à 250 ml

ZUTATEN FÜR CA. 525 G

250 ml Pflanzendrink (z. B. Mandel- oder Kokosnussdrink)

2 TL Kurkuma

1 TL Zimtpulver

10 g frisch geriebener Ingwer oder ½ TL Ingwerpulver

5 Kardamomkapseln

frisch gemahlener schwarzer Pfeffer (nach Geschmack)

2 Kugeln Vanille-Hafer-Gelato (S. 48)

Alle Zutaten bis auf das Gelato in einen Topf geben und 3–5 Min. unter ständigem Umrühren erhitzen. Die Mischung darf nicht kochen.

Die Mischung durch ein Sieb gießen, um die Kardamomkapseln herauszufiltern.

1–2 Stunden im Kühlschrank abkühlen lassen, dann zusammen mit dem Gelato im Standmixer auf hoher Stufe cremig schlagen. Gleichmäßig auf die Gläser verteilen.

Tipp: mit Kokosraspeln toppen

SCHOKO-EISBECHER
MIT KEKSTEIG

Sahne mit dem Zucker in einer Küchenmaschine aufschlagen.

Die Hälfte des Keksteigs in die Becher geben. Anschließend die Becher mit je einer Kugel Schokoladen-, Weißer-Kaffee- und Sahne-Mohn-Gelato befüllen.

Mit dem Spritzbeutel die Sahne auf den Becher aufbringen, mit dem restlichen Keksteig und der Schokoladensauce garnieren.

Variation: Karamell-sauce (S. 156) als Topping

Ergibt 4 Becher à 250 ml

ZUTATEN FÜR CA. 1 L

200 ml Sahne (30 % Fett)

15 g Zucker

40 g Keksteig (siehe S. 163)

4 Kugeln Schokoladengelato (alternativ: Schokoladensorbet; siehe S. 27 bzw. S. 110)

4 Kugeln Weißer-Kaffee-Gelato (siehe S. 35)

4 Kugeln Sahne-Mohn-Gelato (siehe S. 118)

60 g Schokoladensauce (siehe S. 155)

AUSSERDEM

Spritzbeutel, 4 Eisbecher

SCHOKOLADEN-SEMIFREDDO

Ergibt ca. 8 Portionen

ZUTATEN FÜR CA. 800 G

2 Eigelb

100 g Zucker

300 g dunkle Schokolade

260 ml Sahne (30 % Fett)

Pâte à bombe aus Zucker und Eigelb: Eier trennen. Eigelb in fettfreier Schüssel mit der Küchenmaschine bei hoher Geschwindigkeit aufschlagen. Küchenmaschine laufen lassen.

100 g Zucker und 50 ml Wasser bei mittlerer Temperatur auf 121 °C erhitzen, dann vom Herd nehmen. Nicht umrühren, wenn die Zuckermischung zu kochen beginnt.

Geschwindigkeit der Küchenmaschine reduzieren und flüssigen Zucker langsam über das Eigelb gießen. Geschwindigkeit wieder erhöhen und Küchenmaschine laufen lassen.

Schokolade vorsichtig schmelzen. Sahne leicht aufschlagen und behutsam mit der geschmolzenen Schokolade mischen. Klumpen vermeiden.

Wenn die Pâte à bombe hellgelb und luftig ist, die Küchenmaschine stoppen. Ca. 1/3 der Schokolade-Sahne-Mischung der Pâte à bombe zugießen. Mit einem weichen Spachtel vorsichtig vermischen, damit die Lufteinschlüsse erhalten bleiben. Nach und nach die übrige Schokolade-Sahne-Mischung zufügen und untermischen.

Die Mischung auf 8 Formen verteilen und über Nacht im Tiefkühler aushärten lassen.

APFEL-BIRNE-CRUMBLE MIT VANILLEEIS

Zutaten für das Crumble

125 g Mehl

125 g Zucker

125 g gemahlene Mandeln

1 Prise Salz

125 g zimmerwarme Margarine + etwas zum Andünsten

250 g Apfel (z. B. Boskoop)

250 g Birne (z. B. Williams)

ZUM SERVIEREN

5 Kugeln (ca. 330 ml) Vanilleeis (siehe S. 24)

AUSSERDEM

5 hitzebeständige Sturzgläser, flache Gläser mit weiter Öffnung (ca. 200 ml)

Mehl, Zucker, Mandeln und Salz in einer Schüssel mischen, dann Margarine mit einem Handrührgerät unterkneten.

Bis zur Verwendung im Kühlschrank aufbewahren.

Apfel und Birne schälen, entkernen und in mundgerechte Stücke schneiden. Anschließend in einer Pfanne in etwas Margarine bei mittlerer Hitze ca. 2 Min. dünsten.

Das Obst auf die Gläser verteilen und mit dem Crumble toppen.

Auf einem Blech in den kalten Ofen stellen, die Temperatur auf 160 °C stellen und für 20–30 Min. backen, bis die Streusel goldbraun sind.

Das Blech aus dem Ofen nehmen und ca. 10 Min. abkühlen lassen.

Den Crumble im Glas lauwarm und mit einer Kugel Vanilleeis garniert servieren.

Variation: saisonale Früchte statt Apfel & Birne verwenden

SCHOKOLADE-PISTAZIE-MILCHSHAKE

Milch, Pistazien-Gelato und Schokoladeneis im Standmixer mischen, dann gleichmäßig auf die Gläser verteilen.

Anschließend die Sahne leicht schagen, Pistazien und Schokolade hacken und den Shake damit toppen.

Vegane Variante: mit Schokoladensorbet (S. 110) und Pistaziensorbet (S. 106) als Kugeln und Pflanzendrink statt Milch

Ergibt 2 Gläser à 250 ml

ZUTATEN FÜR CA. 500 G

200 ml Vollmilch (3,5 % Fett)

2 Kugeln Pistazien-Gelato (siehe S. 106)

2 Kugeln Schokoladeneis (alternativ: Schokoladensorbet; siehe S. 27 bzw. S. 110)

AUSSERDEM

80 ml Sahne (30 % Fett)

30 g Pistazien

20 g Zartbitterschokolade (70 % Kakao)

HIMBEER-SEMIFREDDO

Eiweiß in fettfreier Schüssel mit der Küchenmaschine bei hoher Geschwindigkeit aufschlagen. 25 g Zucker einrieseln lassen. Küchenmaschine laufen lassen.

105 g Zucker und 20 ml Wasser in einem Topf bei mittlerer Temperatur auf 121 °C erhitzen, dann vom Herd nehmen. Nicht umrühren, wenn die Zuckermischung zu kochen beginnt.

Geschwindigkeit der Küchenmaschine reduzieren und flüssigen Zucker langsam über das Eiweiß gießen. Ist der Zucker zugefügt, Geschwindigkeit wieder erhöhen und Küchenmaschine laufen lassen.

Himbeeren im Standmixer pürieren.

Wenn der Rührbesen Bahnen zieht, ist das Baiser fertig und die Küchenmaschine wird ausgeschaltet.

Sahne leicht schlagen.

Mit einem weichen Spatel vorsichtig je ca. 1/3 der pürierten Himbeeren und der Sahne vorsichtig dem Baiser unterheben. Nach und nach mehr Himbeerpüree und Sahne unterheben.

Den Mix auf 6 Formen aufteilen und über Nacht im Tiefkühler aushärten lassen.

Ergibt ca. 6 Portionen

ZUTATEN FÜR CA. 600 G

65 g frisches Eiweiß

130 g Zucker

200 g Himbeeren

200 ml Sahne (30 % Fett)

SAUCEN

& TOPPINGS

Der letzte Clou: Jedes Eis wird noch besser, wenn es in einer selbst gebackenen Waffel, zwischen zwei Keksen oder getoppt mit unwiderstehlicher Sauce daherkommt.

ERDBEERSAUCE

ZUTATEN FÜR CA. 540 G

450 g frische Erdbeeren

70 g Zucker

4 TL frisch gepresster Zitronensaft

Erdbeeren waschen, von den Kelchblätter befreien und in Scheiben schneiden, dann in einem Topf zusammen mit Zucker und Zitronensaft bei mittlerer Temperatur unter gelegentlichem Rühren zum Kochen bringen. Vorsichtig umrühren, damit die Stücke erhalten bleiben.

Hitze reduzieren und die Mischung 20–23 Min. köcheln lassen, dabei gelegentlich umrühren. Vom Herd nehmen und auf Raumtemperatur abkühlen lassen.

Die Sauce dickt nach dem Abkühlen noch etwas ein.

In geschlossenem Gefäß im Kühlschrank bei 4 °C bis zu 2 Wochen aufzubewahren.

Tipp: für Spaghetti-Eis die Sauce sorgfältig pürieren, da hier keine Stückchen erwünscht sind

SCHOKOLADEN-SAUCE

Zucker, Traubenzucker und Kakaopulver in einer Schüssel mischen.

Die Schokolade grob zerstoßen.

100 ml Wasser in einem Topf auf 40 °C erhitzen, dann Zucker, Traubenzucker und Kakaopulver einrühren. Anschließend auf 90 °C erhitzen, danach im Eisbad (siehe S. 19) auf 65 °C abkühlen und die Schokolade zugeben. So lange rühren, bis die Schokolade vollständig aufgelöst ist.

Die Mischung auf Raumtemperatur abkühlen lassen.

In geschlossenem Gefäß im Kühlschrank bei 4 °C bis zu 2 Wochen aufzubewahren.

Tipp: als Topping für Brüsseler Waffeln (S. 160)

ZUTATEN FÜR CA. 300 G

90 g Zucker

50 g Traubenzucker

25 g Kakaopulver

40 g Schokolade (70 % Kakao)

KARAMELLSAUCE

ZUTATEN FÜR CA. 950 G

470 ml Sahne

450 g Zucker

90 g Butter

Sahne in einem Topf (oder der Mikrowelle) erhitzen, bis sie lauwarm ist.

4–5 EL Zucker in eine vorgeheizte Pfanne geben und ohne Rühren erhitzen. Sobald der Zucker geschmolzen ist, nach und nach weiteren zugeben. Wenn der gesamte Zucker zähflüssig ist, Sahne langsam zugießen, dabei ständig mit dem Schneebesen rühren. Die Mischung vorsichtig aufkochen, bis eine Creme entstanden ist. Butter in Würfeln zugeben und die Mischung ca. 5 Min. kochen. Die Karamellsauce vom Herd nehmen, in ein Gefäß füllen und abkühlen lassen.

In geschlossenem Gefäß im Kühlschrank bei 4 °C bis zu 2 Wochen aufzubewahren.

Tipp: Karamell-Gelato (S. 28) oder Schokoladeneis (S. 27) mit Karamellsauce marmorieren

WAFFEL-HÖRNCHEN

Ergibt 10 Waffelhörnchen

ZUTATEN FÜR CA. 370 G TEIG

1 Ei

75 g Zucker

75 ml Vollmilch (3,5 % Fett)

8 g Vanillezucker

120 g Mehl

40 g zimmerwarme Butter

AUSSERDEM
Eiswaffeleisen (optional), Waffelhörnchenroller (optional)

Ei und Zucker in einer Schüssel mit dem Schneebesen verquirlen, dann Milch und Vanillezucker unterrühren.

Mehl durch ein Sieb geben und langsam in den Teig rühren, bis eine homogene Masse entsteht. Anschließend weiche Butter unterrühren.

Zubereitung im Backofen: Je ca. 2 EL Teig auf ein mit Backpapier ausgelegtes Blech gießen und kreisförmig dünn verteilen. Im vorgeheizten Backofen bei 185 °C 45–55 Sek. backen.

Zubereitung in der Pfanne: Eine kleine Pfanne leicht mit Öl bestreichen und bei mittlerer Temperatur erhitzen. Je ca. 2 EL Teig in die Pfanne gießen und kreisförmig dünn verteilen. Sobald die Unterseite goldbraun ist, den Teig wenden und die andere Seite goldbraun anbraten.

Die Waffeln in heißem Zustand per Hand oder mit einem Waffelhörnchenroller zu Kegeln formen. Das untere Ende zusammendrücken, um das Hörnchen abzudichten.

Zum Abkühlen und Aushärten die Waffelhörnchen auf einen Rost legen.

BRÜSSELER WAFFELN

Ergibt 8–10 Waffeln

ZUTATEN FÜR CA. 600 G TEIG

230 g Mehl
2 TL Backpulver

1 TL Trockenhefe

2 Eier

200 ml Vollmilch (3,5 % Fett)

80 g Butter

4 g Vanillezucker

1 Prise Salz

Puderzucker (nach Geschmack)

AUSSERDEM

Waffeleisen

Mehl, Backpulver und Hefe in einer Schüssel mischen und durch ein Sieb geben.

Eiweiß und Eigelb vorsichtig trennen und auf 2 Schalen verfteilen.

Eigelb vorsichtig mit dem Schneebesen verquirlen, dann Milch sowie 200 ml kaltes Wasser zugeben. Mehl, Backpulver und Hefe unterrühren, bis eine homogene Masse entsteht.

Butter schmelzen, dann zusammen mit Vanillezucker der Mischung mit dem Schneebesen unterrühren.

Das Eiweiß im Standmixer steif schlagen. Mit einem weichen Spatel vorsichtig der Mischung unterheben.

Salz zufügen und vorsichtig verquirlen.

Die Mischung ca. 20 Min. ruhen lassen.

Waffeleisen auf mindestens 200 °C vorheizen.

Einen kleinen Löffel Teig (ca. 60 g) in das Waffeleisen geben und für 2 ½ Min. bei 200 °C backen.

Mit Puderzucker und / oder Gelato / Topping servieren.

KEKSTEIG

Da der Teig roh verzehrt wird, wird aus Gründen der Lebensmittelsicherheit empfohlen, das Mehl zuerst zu backen: Die erforderliche Menge an Mehl mindestens 5 Min. lang bei 170 °C in den Ofen geben. Anschließend abkühlen lassen.

Weiche Butter, braunen, weißen und Vanillezucker sowie 10 ml Wasser in einer Küchenmaschine luftig schlagen.

Gebackenes Mehl durch ein Sieb geben.

Mehl und Salz zu Butter und Zucker in die Küchenmaschine geben und alles gut mischen.

Schokolade in kleinen Stücken von ca. 0,5 cm zufügen und die Masse erneut mit der Küchenmaschine mischen.

Teig zu kleinen Kugeln von ca. 2 cm Durchmesser rollen und auf ein Tablett mit Backpapier legen.

Im Kühlschrank bei 4 °C bis zu 2 Wochen aufzubewahren.

Ergibt ca. 300 g

95 g Mehl

50 g zimmerwarme Butter

15 g brauner Zucker

75 g Zucker

50 g dunkle Schokolade

3 g Vanillezucker

3 g Salz

Tipp: Keksteig kann wunderbar im Eis verarbeitet und zum Beispiel dem fertigen Vanilleeis nach dem Gefrieren zugefügt werden.

BRIOCHE

Ergibt 12 Brioches

FÜR 985 G TEIG

500 g Mehl

175 g kalte Butter

25 g Zucker

5 g Salz

30 g Hefe

150 ml Vollmilch (3,5 % Fett)

2 Eier

Mehl zweimal durch ein Sieb geben.

Butter in 2 cm große Würfel schneiden.

Mehl, Zucker, Salz, Hefe, Milch und 1 ½ Eier in eine Küchenschüssel geben und mit dem Handrührgerät mischen. Butterwürfel zugeben und die Mischung weiter schlagen.

Die Mischung abgedeckt über Nacht im Kühlschrank ruhen lassen.

Aus dem Teig 12 Brioches formen und auf ein gefettetes Backblech legen.

½ Ei verquirlen und mit einem Pinsel auf die Brioche auftragen.

Bei 180 °C 25 Min. backen.

Tipp: Brioches lassen sich besonders gut mit Granitas und Sorbets kombinieren.

LEBKUCHEN

FÜR COOKIE-EIS-SANDWICHES

Zutaten für ca. 700 g Teig

125 g zimmerwarme Butter

135 g Melasse

75 g brauner Zucker

330 g Mehl

10 g Backpulver

20 g Lebkuchengewürz (Zimt, Sternanis, Ingwer, Nelken, schwarzer Pfeffer)

Butter in ca. 3 cm breite Blöcke schneiden. Zusammen mit Melasse und braunem Zucker in der Küchenmaschine so lange mischen, bis ein glatter Teig entsteht. Am besten eignet sich der Schmetterlingsaufsatz.

Mehl, Backpulver und Lebkuchengewürz zweimal durch ein Sieb geben und gut mischen. Zur Buttermischung in die Küchenmaschine geben und erneut so lange mischen, bis ein glatter Teig entsteht.

1 Stunde abgedeckt im Kühlschrank ruhen lassen.

Backofen auf 165 °C vorheizen.

Den Teig ca. 3 mm dick ausrollen und Formen ausstechen.

Auf ein Backblech mit Backpapier legen und 15 Min. hellbraun backen.

Abkühlen lassen. In einem luftdichten Behälter bis zu 4 Wochen aufzubewahren.

Tipp: Lebkucheneis zwischen zwei Keksen als Cookie-Eis-Sandwich servieren

SERVICE

Rezeptübersicht und Register helfen bei der schnellen Suche nach dem richtigen Rezept

REZEPTÜBERSICHT

SHAKES UND EISBECHER

SAUCEN & TOPPINGS

REGISTER

Stiftung Warentest
Lützowplatz 11–13
10785 Berlin
Telefon 0 30/26 31–0
Fax 0 30/26 31–25 25
www.test.de
email@stiftung-warentest.de

USt-IdNr.: DE136725570

Vorstand: Hubertus Primus
Weitere Mitglieder der Geschäftsleitung: Dr. Holger Brackemann, Julia Bönisch, Daniel Gläser

Programmleitung: Niclas Dewitz

Autor: Ralf Sander, Berlin
Projektleitung: Lisa Frischemeier
Lektorat: Martin Zwilling, Berlin

Mitarbeit Rezepterstellung: Bas van Haaren, Minderhout, Belgien
Mitarbeit: Merit Niemeitz
Korrektorat: Stephan Pauli, Berlin

Titelentwurf: Christian Königsmann
Layout: Stefanie Wawer, Münster
Satz: Christian Königsmann
Fotografie: Peter Schulte, Hamburg
Food-Styling: Julia Luck, Hamburg
Bildnachweis: Getty Images (Titel); Adobe Stock: 2, 22, 58, 92, 154

Produktion: Vera Göring
Verlagsherstellung: Rita Brosius (Ltg.), Romy Alig, Susanne Beeh
Litho: tiff.any, Berlin
Druck: mediaprint solutions GmbH, Paderborn

ISBN: 978–3–7471–0398–2

Wir haben für dieses Buch 100 % Recyclingpapier und mineralölfreie Druckfarben verwendet. Stiftung Warentest druckt ausschließlich in Deutschland, weil hier hohe Umweltstandards gelten und kurze Transportwege für geringe CO_2-Emissionen sorgen. Auch die Weiterverarbeitung erfolgt ausschließlich in Deutschland.